孩子最爱看的安全故事　高中篇

青春的烦恼

最高人民检察院／策划

王振友／著

中国检察出版社

图书在版编目（CIP）数据

青春的烦恼/王振友著．—北京：中国检察出版社，2021.5

ISBN 978-7-5102-2524-6

Ⅰ.①青… Ⅱ.①王… Ⅲ.①安全教育—高中—课外读物 Ⅳ.① G634.203

中国版本图书馆 CIP 数据核字（2020）第 260685 号

青春的烦恼

最高人民检察院　策划　王振友　著

责任编辑：王　欢

技术编辑：王英英

封面设计：天之赋设计室

出版发行：中国检察出版社

社　　址：北京市石景山区香山南路 109 号（100144）

网　　址：中国检察出版社（www.zgjccbs.com）

编辑电话：（010）86423703

发行电话：（010）86423726　86423727　86423728
　　　　　（010）86423730　86423732

经　　销：新华书店

印　　刷：北京联合互通彩色印刷有限公司

开　　本：880mm×1230mm　32 开

印　　张：7

字　　数：88 千字

版　　次：2021 年 5 月第一版　　2021 年 5 月第一次印刷

书　　号：ISBN 978-7-5102-2524-6

定　　价：30.00 元

前言

　　未成年人朋友，你们的生活充满温暖的阳光，你们的成长伴随欢快的笑声，你们的脸庞展露天真的模样。父母关心着你们，师长关怀着你们，社会关注着你们，因为你们是我们大家的宝贝！

　　但是，生活并不总是阳光灿烂、和风细雨，违法犯罪就像天空中偶尔飘过的阴霾，给一些未成年人本应亮丽的人生投下几分阴影。有的未成年人因冲动去伤害他人，因好奇而窃取财物，因义气而结伙打架，在懵懂间违法犯罪，受到法律的严厉制裁。有的未成年人则成为违法犯罪行为的受害者，稚嫩的身心受到深深的伤害。无论是违法犯罪还是受到不法侵害，这些未成年人都是不幸的，让人感到惋惜和痛心。

为了减少这些不幸的发生，需要大家了解一定的法律知识，树立法治意识！法律在我们每个人身边，既是规范我们行为的标准，也是保护我们权利的武器。在开始成熟的花季里，你们要学法、守法，拒绝实施或参与各种违法犯罪活动；你们要知法、用法，增强保护自己的能力。

我们是检察官，是未成年人的朋友，保护大家是我们的职责。今天，我们把与未成年人有关的法律知识、自护技巧汇编成这样一本本小书，把法律送进校园，送到你的身边，希望对你有所帮助，护佑你健康成长！

最高人民检察院第九检察厅

给小读者的寄语

亲爱的小读者们，非常高兴你们能看到《孩子最爱看的安全故事》和《孩子最爱看的法律故事》这两套书。作为作者，之所以会写这两套书，并非一时兴起，而是因为我们发现现在市面上针对未成年人小读者们的普法书籍实在是太少，偶有一些，也往往流于形式，且多偏于生硬说教，直接影响了小读者们对法律知识的探究热情。那么，能否把理性复杂的法律知识和安全知识写得生动有趣，让小读者们不忍释卷呢？在这种想法的激励下，围绕"铁三角"——小灵通（马勇凌）、门墩儿（孟家栋）、竹子（安雨竹）展开的，将安全知识和法律知识融入学校、生活的故事丛书就诞生了。

《孩子最爱看的安全故事》和《孩子最爱看的法律故事》两套书各分为小学、初中和高中三个阶段。安全故事用"铁三角"经历的一系列紧急或危险事件，让小读者们在环环相扣的故事情节中，形成自我保护意识，学会预防侵害措施和及时自救方法。法律故事用"铁三角"身边发生的法律问题，将与未成年人息息相关的法律常识巧妙地融入生活，为小读者们打开了解法律的一扇窗。如果你是个有探索精神和求知欲的小读者，我们还精心准备了"检察官提示"和"法条链接"等拓展知识，以及日语和围棋等趣味知识。

发生在小灵通身边或搞笑或惊险的故事，一定会让你们轻轻松松爱上阅读，爱上法律。希望各位小读者们能够在这些贴近实际、妙趣横生的法律故事和安全故事中有所启迪，平安快乐度过每一天。

最后，感谢最高人民检察院第九检察厅（未成年人检察厅）对本书法律知识的专业审定，也感谢北京市海淀区建华实验学校王景彬同学从读者的角度提出的很好的建议。

王老师

2020 年初夏

目录

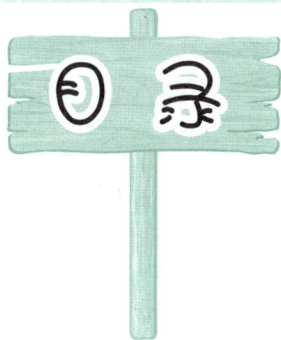

第一章　神秘来电　　　001

第二章　马家新丁　　　019

第三章　脸上的二维码　　033

第四章　门墩儿的舍友　　043

第五章　校园暴力　　　055

第六章　危机时刻　　　071

第七章　凉白开之谜　　　087

第八章　竹子的险境　　105

第九章　离家出走　　121

第十章　乌龙事件　　133

第十一章　王源与王千源　　149

第十二章　暗夜神秘人　　165

第十三章　捉妖记　　177

第十四章　革青韦　　189

本书主要出场人物简介

马勇凌：本书男一号，绰号小灵通，17 岁，铁三角之一，高二。头脑聪明，性格更加成熟，学习成绩依然不错。

孟家栋：本书男二号，绰号门墩儿，铁三角之一，17 岁，小灵通的好朋友，同班同学。身材魁梧健壮，学习成绩一般，班级体育委员。

安雨竹：本书女一号，铁三角之一，昵称竹子，17 岁，小灵通的好朋友，同班同学。学习成绩优秀。

爸爸：大名马识途，职业是检察官，担任市检察院刑检部门主任，检察业务过硬，工作繁忙。

叔叔：大名马千里，爸爸的双胞胎弟弟，俩人长得几乎一模一样。职业以前是特警，后来成为一名派出所所长。

妈妈：大名李蕾，职业是出版社编辑。性烈如火，嫉恶如仇。勤俭持家，是一位优秀的母亲和贤内助。

婶婶：大名郑薇，是铁三角等人以前的初中班主任，在本书中嫁给叔叔，并生下一对双胞胎儿子，分别起名马晓廷和马晓意。

叶雨阁：昵称格格，女孩，17 岁，小灵通的同班同学，班长。学习成绩优秀，与竹子关系亲密。

胡一波：绰号广播，男孩，17 岁，小灵通的同班同学，学习成绩优秀，其貌不扬。

芈汉杰：男孩，20 岁，铁三角等人以前的初中同班同学，围棋棋手，段位是职业九段，获得过多个世界冠军。

舒颖：女孩，17 岁，小灵通的同班同学，家境不好。

关兴：男孩，17 岁，富二代，小灵通以前的初中同班同学。

马小二：一只哈士奇，小灵通家的宠物犬，外形漂亮。

第一章

神秘来电

"啊"的一声，叔叔从噩梦中惊醒，满头大汗。

在梦中，他又梦到了自己那充满骄傲而又不堪回首的卧底与戒毒经历。那是两年前[①]，我国西南某省警方跟踪到了一个向全国辐射的贩毒网，并且初步锁定了这个巨大的贩毒网的元凶，不过此人身份极为特殊，对西南省份缉毒干警均十分熟悉。为此，叔叔作为曾经的一等功功臣，接受组织的命令借调去该省，作为此次抓捕计划的一张"王牌"——潜入这个贩毒组织，担任卧底。

在这次为期三个多月、无比凶险的任务中，叔

---

① 详见本系列丛书《我们班的"棋王"》。

叔沉着冷静，数次化险为夷。为了能够见到元凶，叔叔冒着生命危险吸食了一次他们的新型毒品，也就是靠这个近乎疯狂的决策才一举获得对方的信任，让抓捕任务得以顺利完成，叔叔也再次获得了一等功。

回到单位后，迎接叔叔的就是漫长的戒毒过程，这种新型毒品来势凶猛，尽管只是吸了一次，叔叔却花了将近一年的时间来戒除毒瘾。在戒毒所里，一到下午两三点钟，就仿佛有蚂蚁在身上乱爬，全身疼痛，膝盖以下都是冰冷冰冷的。更让人难以忍受的是心理的毒瘾，他用了整整十个月的脱敏疗法，甚至关键时刻还要请护士把自己绑在病床上，功夫不负有心人，他终于彻底摆脱了毒瘾，重新回到了热爱的工作岗位上。

叔叔定了定神，回望四周，是他熟悉的家，温馨的卧室，而不是戒毒所冷冰冰的墙壁，他松了口气。身边，他身怀六甲的妻子——郑薇用温柔的眼神在看着他，拿起手帕为他拭去额头密密麻麻的汗珠。

"千里，又做噩梦了？"

"嗯。"叔叔有点不好意思，"没想到时间过去这么久了，还总是梦到那次任务的经过，看来还得过一段时间才能完全平复。又把你吵醒了，对不起。"

婶婶轻轻抚摸着自己隆起的肚子，说道："没关系，我替孩子原谅你了。"准妈妈的脸上满是甜蜜，她又想起了他们的婚礼。婚礼十分低调，只邀请了新郎新娘的亲朋好友参加，面对大家献上的诚挚祝福，两位新人脸上洋溢着幸福的笑容。

叔叔轻轻揽住婶婶，说："还记得你刚怀孕那会儿吗？哥哥他们一家三口和我那笨徒弟一起上门贺喜，勇凌兴高采烈地说他终于有个小弟弟了。"

婶婶微嗔道："怎么不记得？你说为了避免再出现勇凌当年起名字那事，[①] 咱俩早早就把名字起好了。因为咱俩都喜欢看球，我喜欢意大利，浪漫的地中海蓝，你喜欢阿根廷，蓝与白的探戈激情，

---

① 详见本系列丛书《为什么倒霉的总是我》。

所以决定从这两支球队名字中各取一个字组成名字，还要有中国风，就是不知道叫'马廷意'还是叫'马意廷'。"

叔叔忍着笑，说道："是啊，你说勇凌两人都升高中了，让他们帮着参谋下。勇凌说这两个名字都挺好听的，不管男孩女孩都适合，确实不好取舍。结果我那笨徒弟在一旁插话说，既然从意大利和阿根廷各取一个字还要中国风，干脆叫'马大根'得了，更有中国特色。"

婶婶"扑哧"一声笑了出来，"家栋这孩子哪儿都好，就是脑子不大爱转弯，现在上高中就有点吃力，勇凌还得给他补课。话说回来，现在医生说是两个孩子，名字就不用纠结了，一个'廷'一个'意'，正好。哎哟，千里，我肚子怎么有点疼啊……"

"勇凌，恭喜你添了两个小弟弟，这下你们马家可是人丁兴旺了。"竹子连声向小灵通祝贺。

"哦呵呵呵，这下我有两个小师弟喽，以后他们长大了，师父要是老了，教不动他们，就让我来教。哦呼呼呼。"不用说，听这杠铃一般的笑声，就知道是门墩儿了。

"是啊是啊，大伯家里是三位姐姐，叔叔以前又一直不结婚，我们马家长期以来就我一个男孩。这年头，生娃这事儿，找'合作生产厂家'就够困难的了，万一'产品'不符合需要，还没机会退货。"小灵通摇头感慨。

昨天半夜，婶婶郑薇突然肚子疼，于是马晓廷和马晓意这对双胞胎兄弟提前一个星期和亲人们见面了。今天正好是周五，小灵通、门墩儿、竹子他们三个正在去教室上早自习的路上，商量着明天去医院看望他们母子呢。小灵通是亲戚，自不待言。门墩儿一直管叔叔叫师父，管婶婶喊师娘。对于竹子而言，郑薇不仅仅是初中班主任，还帮助过她解决父母对她的误会。^①所以，仨人商量着无论如何周末也要去探望。

如今，铁三角都已经 17 岁了，虽然脸上稚气未脱，但是高高的身材显示出他们即将是成年人了。现在他们是高二下半学年的学生，再过一年多的时间，就要通过高考的考验，走进自己理想的大学校园了。

铁三角三个就读的高中是师大附中，市重点高中之一。竹子成绩一贯优秀，考上师大附中是顺理成章。小灵通成绩好歹是年级中上，初三时好好努力了一把，居然也考得不错。倒是门墩儿，本来成绩是不够上这所重点高中的，但是他体育成绩出色，小学、初中分别拿过市足球联赛冠军，而且都是以队长兼主力后卫的身份，初三时还获得过一次市优秀学生干部荣誉，因此师大附中把他作为体育特长生招入了，铁三角再次在命运的安排下就读于

---

① 详见本系列丛书《小魔女的汤》。

同一个班级。

其他初中同班同学考上师大附中的就两位，格格照例总分压倒竹子两分，轻松考上，气得竹子又少吃了好几顿饭。此外就只有广播了，可别小瞧这位缺少女生缘、其貌不扬的主儿，虽然天天什么信息都关注，成绩倒是一直很好。

铁三角一路走，一路聊。师大附中为了方便学生管理，也为了更好地督促同学们认真学习，实行住校制。所有同学平时住学校宿舍，只有周末才能回家，如果是高三冲刺那几个月，周末也只好牺牲了。小灵通和门墩儿住隔壁，广播和门墩儿倒是一个宿舍。竹子则和格格是上下铺，两个女孩别看学习上争强好胜，你追我赶的，但是生活中好得跟亲姐妹似的，毕竟从小学时起就是一个学校，而且初中时俩人都是班干部，交流多，感情好。用句流行的话说，俩人就是"闺蜜"。这不，格格刚刚结束了英语晨读，正拿着英语书往教室走呢，见到铁三角走来，赶紧打招呼。

听竹子叽叽喳喳地说完小灵通家的喜事，格格赶紧说："明天也算上我一个，很长时间没见到郑老师了，挺想她的。"OK，就这么说定了，大伙儿约好在医院门口集合，然后朝教室走去。途中格格还关心了门墩儿几句，说他最近脸色看起来不大好，有点发黄，是不是不太舒服？门墩儿撇撇嘴说："这段时间总闹肚子，没事儿，我身体好着呢。"

整整一天的课程，不论是语文、英语，还是物理、化学，小灵通愣是没学进脑子里去，心都飞回家里了。下午下课铃一响，他就跟竹子俩人蹬上自行车，飞也似的骑回了家。门墩儿肚子不舒服，慢悠悠地在后面骑。

把竹子送到家（他俩的新家在同一座楼里面），小灵通飞奔回家，刚一打开门，就听见妈妈的笑声："哈哈哈哈哈，哎呀，太搞笑了，笑死本宫了。"

妈妈爱看古装宫斗剧，看多了还喜欢自称"哀家""本宫"。"哀家"这个称呼，被小灵通科普了一番之后，再没好意思自称，①但是"本宫"用得就频繁多了。特别是这段时间，电视里面好几个台轮番播《甄嬛传》，妈妈就不眨眼睛地看。幸亏小灵通平时住校，周末在家忙着功课也没时间看电视；爸爸最大的爱好则是看书、琢磨案子，也不跟她争电视，她就乐得自己一个人翻来覆去地看，结果就是"入戏太深"，连说话都带甄嬛的腔调，小灵通平时不在家还好，爸爸可是每日身受"荼毒"——

"这新置的床柔软舒适，弹性十足，小憩片刻原是再好不过。虽说日上三竿，若得温柔梦乡，倒也不负了这五一假期。""说人话！"（爸爸无奈）"好困，让我再睡会儿……"

"今日倍感乏力，恐是昨夜梦魇，扰了心神。自五一度假后，身子越发疲累，连续休息两日也未

———————

① 　详见本系列丛书《失败的营救计划》。

能恢复。春困甚为难得，岂能辜负？""说人话。"（爸爸抓狂）"今儿个不想上班……"

"方才察觉今夜饮茶过甚，无心入眠，若长期如此，定将损肤，他日睡前饮牛奶一杯，方能安心入睡，对睡眠质量也是极好的。可知携友饮茶虽好，也要适可而止。""说人话……"（爸爸泪流满面）"我失眠了……"

这不，听到妈妈的笑声，小灵通满脸黑线，心说母上大人又看啥清宫剧呢，这么投入？哎不对，现在才六点多，还没到《甄嬛传》开演的时候啊。

再仔细一看，妈妈捧着手机，笑得花枝乱颤。小二趴在一旁，摇着尾巴，瞪大了眼睛，疑惑地看着女主人。

妈妈好不容易才收住了笑声，这时爸爸也到家了，看着爷儿俩一脸困惑的神情，妈妈一五一十地说了整件事情的来龙去脉。

敢情妈妈今天请了一天假在医院陪叔叔婶婶，下午婶婶和孩子休息了，妈妈就回家了。结果刚一到家，手机就响了，是个陌生的电话号码。妈妈接通电话，听到对方操着南方口音说："您好，我是邮局的，我们这里有您一封挂号信……"

检察官提示

近年来，我国电话诈骗可谓花样翻新，名堂越来越多。为避免大家上当受骗，在这里，我们请各位小读者注意防范几种常见的电话诈骗形式，并向家人，特别是年纪较大的长辈科普这些知识。

第一，告诉家中亲人不要轻信陌生人的电话和手机短信。接到可疑电话、短信时，保持冷静，切勿慌张，与家人、亲友多商量，也可以向当地派出所、银行网点、电信营业网点工作人员当面询问。

第二，不法分子通过软件可以任意设置来电号码，不要轻易相信来电显示号码。犯罪分子提供的所谓的"固定电话"很可能是捆绑了犯罪分子手机的虚拟电话。当接到来自亲友的电话号码、公安机关的电话号码以及110、95598等要求汇款的电话或短信时，请一定要提高警惕，及时予以核实确认。

第三，**年纪较大的老人请不要轻易尝试使用自己不熟悉的银行业务。**如ATM转账或网上银行功能，确有需要可咨询银行网点工作人员。

第四，**不管对方是谁，只要问及个人隐私，请务必留神。**根据我国法律规定，公安机关在侦办案件时，不会通过电话询问群众家中存款账户、密码等隐私问题。如果涉及案件情况必须查询的，则必须出具工作证件及有关法律文书，到相关金融机构查询。公安民警、税务局工作人员不会打电话指导群众如何转账、设密码。公安部门也不可能提供所谓的"安全账户"。

总之，**电话诈骗防范最重要、最核心的一点就是涉及钱财一定要提高警惕，千万谨慎，不要轻易转账。**钱装在自己的钱包里面是最安全的，您不转账，诈骗分子总不能顺着电话线爬过来把钱硬抢走不是？

　　妈妈心说不对吧，本地邮局员工，说话从来一嘴京片子，啥时候开始招南方员工了？且听下去。"这封挂号信是催您偿还30万元贷款的，您就不用来邮局取了，因为上海市静安区公安分局和我们联系过，说您涉嫌贷款诈骗30万元，请问是您亲自办理的这份贷款吗？"

　　妈妈心说，一听就是碰上骗子了。这种电话诈骗现在太常见了，前段时间，妈妈单位同事的老父亲就接到一骗子电话，跟这种情况差不多，拐弯抹角地骗他将银行卡号和密码告诉给了对方，幸亏那位同事是妈妈的粉丝，节俭度日跟妈妈学得十足十，同时也是怕老人岁数大了糊涂，因此就给卡里放了几千块钱的生活费，因此损失并不大。

　　妈妈抬头看了下表，心想左右无事，不如陪骗子聊聊。"不会吧，我们家挺有钱啊，干吗去银行贷款呢？"

　　电话那边的声音明显带了点兴奋，回道："哦，那么有可能是别人冒用您的身份证。这样吧，我给您转到静安区公安分局，电话是 6××××××，您也可以自己打 114 查，看看是不是这个号。"

妈妈心说不用查，这个号肯定是静安区公安分局的，问题是骗子肯定会做手脚，电话自然是转到骗子同伙的电话上了。接电话的自称是"陈警官"，"您好，经我们查实，您的身份证是您儿子冒用的，他涉嫌洗钱、贩毒，还有很多违法事件，目前是国家的二级通缉犯。"

妈妈差点乐出声来，心说我儿子才 17 岁，还"二级通缉犯"？不知道是不是破了通缉犯年龄的纪录啊？她继续听下去，看看骗子后面还有什么把戏。

果然，在妈妈的"苦苦哀求"下，那位"陈警官"答应帮妈妈向"上级"争取一下宽大处理，电话又转接到当地"检察院"。这回这个骗子自称"卢检察官"，妈妈心说这是哪儿对哪儿啊？"卢检察官"问她是否认识一个叫"小白"的人，说这个人骗了 400 多个身份证，骗了近千万元，还说"您儿子"帮"小白"的忙，然后"小白"给了"您儿子"20万元报酬——骗子终于进入了正题，让妈妈把20万元汇到"检察院"的"安全账号"里，说替妈妈保管，要是"您儿子"最后没罪，钱还退还给妈妈。

听妈妈没有提出反对意见（其实妈妈玩儿命捂住嘴，怕乐出声），骗子将银行账号告诉了妈妈，还好意"劝告"妈妈，这事一定不能声张，谁都不能说，否则"您儿子"就完了。

妈妈听到这里，实在是憋不住了，"哈哈哈哈哈……"

对方愣了一下，反应过来自己被耍了，威胁了妈妈几句就匆匆挂断了电话。

"哎呀笑死我了，我五点多到家，溜溜地捉弄了这帮骗子一个多钟头。"妈妈笑得直不起腰来。小灵通和爸爸对望一眼，心说妈妈／夫人，您是有多无聊啊。

"你们爷儿俩别这么看我啊，最起码这一个钟头他们没法再骗别人了。我还想听听他们全部的骗术，单位正组织出版防范电话诈骗这方面的书呢。勇凌，去把冰箱的冻饺子煮了，我赶紧去派出所报案，骗子还有账号在我这儿呢，让警察好好查查。其实这一个多钟头挺快乐的，就有一点我亏大了。"

小灵通心说这帮骗子碰上您，可算倒了八辈子霉，活活地被耍了一个多钟头，您还亏？只听妈妈说："这帮骗子居然说我'儿子'参与诈骗，这不摆明着说我是老太太吗？难道我的声音从电话里面听起来不够年轻漂亮？"

第二章

马家新丁

小灵通没精打采地吃着饺子，开始怀念起学校食堂的大锅菜来了。

　　报完案的妈妈兴奋劲儿还没过去呢，拉着爸爸聊电话诈骗，爸爸也是深有感触，说这种诈骗最近挺猖獗的，单位刑检部门上个月就公诉了两起，涉案金额上千万元。

　　"我真是个不合格的父亲。"爸爸一指自己的手机，感慨道，"最近这段日子，几乎每天都有短信，说'爸爸，我出车祸了、被绑架了、欠高利贷了……'然后让我汇款到某个银行账号。唉，我从来不知道我还有这么多儿子啊。"

　　"扑哧"一声，小灵通嘴里的饺子喷到了桌面上。

　　周六一早，小灵通和爸爸妈妈早早起床，收拾停当，去医院探望叔叔婶婶和两个小宝宝。照例，小灵通先去喊上了竹子，跟安叔叔、赵阿姨礼貌地告别后，俩人顺手拎走家里的垃圾。边往电梯方向走，小灵通边给竹子说了昨天下午妈妈遇上骗子的事情。

　　竹子一边听一边笑，听小灵通讲完了，她说："现在电信诈骗确实猖獗，自打我有手机以来，收到的诈骗短信那叫一个多啊，据我的不完全统计：累计中奖一百多次，中奖金额共计三千多万元，还中奖了各种手机八十多部、电脑三十多台，还收到过法院传票近百张，最惨的是儿子还被拐卖了十几次。我这一生真是传奇啊。哎，勇凌，你看着这袋垃圾发什么呆啊？"

　　"竹子，你别嘬嘴。你这垃圾袋里面写着字的东西是什么啊？"

"就是快递单啊。我妈挺喜欢网购的，她的衣服、化妆品、包，还有我的一些衣服，经常网购。"

小灵通仔细看了看，说："竹子你等下，咱俩把这快递单处理一下再扔吧。"小灵通说完打开了垃圾袋，认认真真地把每一张快递单都撕碎了。

竹子一脸不解地看着他。

"哦，竹子，这可不是一件小事。网购有风险，扔单需谨慎。"小灵通一本正经地对她说。原来，随着近几年我国网购的迅速发展，快递业也随之呈现了"井喷"的态势。但是有可能因为人们的疏忽大意，快递单据处理不当，从而给自己带来意想不到的伤害。爸爸单位前段时间就公诉了这么一起抢劫案。

受害人是个女孩，名叫小丽，她是学习声乐的，只身从老家河南来这里寻梦，期待着自己能有一天站到舞台的中央。小丽有个习惯，就是通过网购购买大量的生活用品，其中还包括不少奢侈品。

有个快递员负责这片小区的收件、送件工作，时间一长，对这个小区十分熟悉。后来他因故离职了，身上没钱，就盘算起了歪门邪道，想从这个小区某家住户打劫一笔钱。但是，谁家经济条件比较好呢？他想起了这个小丽，因为他在工作中经常看到她往小区的垃圾站扔各种快递包装，寻思这姑娘可能挺有钱。

于是他就去小区踩点，因为很多住户对他很熟悉，也没人对他产生怀疑。这次他又遇上了受害人，两个人还打了招呼。他暗中翻看了受害人丢弃的包装，知道了受害人的门牌号。于是他以送快递的名义骗开了小丽的房门，面对孤立无援的受害人，他凶相毕露，拿出匕首架在受害人的脖子上。由于在抢钱的时候受害人大声喊救命，他就伸出了罪恶的黑手……

检察官提示

近年来，我国因为快递单上的个人信息泄露引发的案例很多，没处理好的快递单造成极大的安全隐患。这里我们向小读者介绍几个快速、有效地处理快递单的方法。

第一，用牙膏涂抹。把牙膏挤在手上，然后均匀地涂抹在快递单上姓名、住址、电话等位置，过上几十秒，用手涂抹，进行摩擦，字迹就会消失。

第二，用花露水进行喷洒。用花露水对私人信息进行喷洒。过上几十秒以后字迹就会慢慢地变淡，到最后消失不见。

第三，用黑色笔涂抹。这是最简单的方法，用比较粗的黑色白板笔进行涂抹，一般两遍就可以完全遮住信息，很省力。

第四，沾水处理。把快递单扔在水里泡上一小会，然后用卫生纸进行擦拭，很简单，姓名、快递单号都可以被擦掉。

第五，用剪刀剪碎。因为快递单是贴在袋子

上面的，所以难以撕毁，但是可以用剪刀剪碎袋子，从而完全销毁快递单。

除了掌握以上方法外，还应注意两点：

一是尽可能选择大型、正规、信誉好的快递公司。这些公司管理比较严格，从业人员队伍比较稳定，即使出现问题也容易查清责任归属。

二是在不影响收取快递的情况下，填写个人信息时可适当进行模糊处理。比如，姓名可以只写某先生或某女士，住址可以写某小区某栋但不必精确到门牌号码；有条件的话，收件地址最好是填写工作单位，使用办公固定电话号码。

"这个可耻的罪犯必然会受到法律的严惩，可是那位姐姐的生命却没法挽回了……"竹子听完小灵通的话，黯然神伤。小灵通点点头，说："这类案件近年来挺多的，我们可千万不能给某些别有用心的犯罪分子留下可乘之机。哦，竹子，咱们俩还得回你家里一趟。"小灵通不好意思地晃了晃他那两只脏兮兮的手。

因为处理快递单耽误了些时间，马家三口和竹子到达医院门口的时候，门墩儿和格格已经在那里等候一会儿了，小灵通和竹子赶紧表示歉意。

"这么多年好兄弟了，客气啥啊。"门墩儿说着还往小灵通肩膀上擂了一拳——这也是这对发小多年来打招呼的惯例了，不过门墩儿这次力度没掌握好，疼得小灵通龇牙咧嘴。竹子瞪了门墩儿一眼，把小灵通拉到一边，给他揉肩膀。

妈妈看到门墩儿的脸色不好，关心地问道："家栋啊，怎么脸色这么难看啊，都发黄了。哦，我知道了，你一定是缺少维生素，学校食堂总吃不好，对吧？这样，李阿姨教你一招，保证你身体倍儿结实——吃你喜欢的水果的时候，记得把皮也一起吃了，特补充维生素。"

门墩儿一脸尴尬，嗫嚅着说："可是李阿姨，我喜欢吃的水果是香蕉、菠萝、椰子……"

　　婶婶看到这么多人来看望她和宝宝们，非常高兴，连连招呼大家坐下。马晓廷和马晓意两个小家伙睡得正香，小灵通他们几个蹑手蹑脚地围着他俩看。爸爸妈妈四下看了一眼，问道："千里哪里去了？"

　　婶婶微微一笑，说："还不是又去所里了。基层事多，他这个所长就是一大忙人。这不，都四十的人了，才得了俩宝贝儿子。上级单位老早就定下来今天让一批新入职的警察去所里参观，推辞不得，只好接待完了再过来陪我们娘儿仨。"婶婶语气中带着嗔怪，但眼神里满满的都是理解、宽容的深情。

　　爸爸妈妈说："有你这位警嫂在背后支持、付出，千里他那片长治久安，你得记头功。"

　　哎，不对啊，有小读者该问了，叔叔不是特警吗？怎么现在又成派出所所长了？哦，八成是作者

写了后面忘前面。嗨！要真是这样，那作者不成了
熊瞎子掰苞米了？

原来叔叔卧底回来后，经过一年的戒毒治疗，
身体已经基本恢复了。但是因为毒品的摧残，他已
无法再适应特警那种高强度的任务，不得不退出了
特警第一线，改到现在这个派出所当所长了。

门墩儿曾替师父报过不平，他认为应安排给
师父更重要的职务。小灵通却不这么认为，他说
那些都是虚的，从亲人的角度，唯一的愿望就是
希望叔叔能够从此平平安安的，再说叔叔自己也
不在乎这些东西。"那次在戒毒所，我问过叔叔，
当时他瘦得好厉害，手握在我掌心里，就是一把
骨头。我问他值得吗？他说：但得众生皆得饱，
不辞羸病卧残阳。[①] 你们一看他当时无比坚定的眼

————————

　　① 　　这句诗出自宋朝抗金名臣、文学家李纲的《病牛》。
这两句诗立意与明朝政治家于谦的代表作《咏煤炭》中的"但
愿苍生俱饱暖，不辞辛苦出山林"相近，因此有不少读者容易
发生混淆。

神，就啥都懂了。"

门墩儿感叹："师父境界就是高啊，这首诗是谁写的？好有气魄。"

小灵通说这是于谦的诗。

门墩儿说这年头真是人不可貌相，没想到说相声的也能写出这么有气势的诗。小灵通满脸黑线地告诉门墩儿，这位于谦是明朝著名政治家，不是跟郭德纲说相声的那位。

"我告诉你们吧，这是北宋政治家李纲的传世名作。一对儿文盲，我都不稀地说你俩……"竹子在旁边实在是受不了了。

叔叔之所以退下来做个派出所所长，自己境界高是一方面。另一方面，就算他想接着干特警，上面也不能让他再继续干下去了——先别惋惜，整个公安系统，立过两次一等功，还能全须全尾、满街乱跑的，一只手就能数完。

就冲这个，叔叔不能不退，多好的一个教育典型啊。以后有新入职的警察入队，直接带他去所里参观叔叔就行了——看见没？一等功，两回！还越活越年轻（叔叔长了一张娃娃脸，有点像吴京），知道当警察的好处了吧？——这可比带他们去参观烈士墓鼓舞士气多了。

这不，今天又来了一拨新入职的警察"参观"叔叔，叔叔不能不去接待啊。

可是大伙儿聊了半天，叔叔一直不见踪影，打电话过去，手机又关机了。婶婶耸耸肩说："得，八成是有任务，否则不会关机。"爸爸说："这家伙也真是，四十的人了才有了儿子，任务啥的先放一边呗，要换别人不得天天守在儿子身边不离开啊。"

妈妈瞪了爸爸一眼，说道："你也好意思说，当年生勇凌的时候，你们检察院不也是有任务？当时勇凌刚生出来，你穿上制服立马就出发，临走就数了数孩子的手指头、脚指头。"听到这个，几个小伙伴在一旁捂着嘴直乐。

爸爸脸一红，"我那不是确认下孩子没有问题，才放心地离开嘛。"

　　妈妈微嗔:"哼，看你那架势，我还琢磨着万一孩子不合你心意，你是不是要退货呢？"

第三章

脸上的二维码

叔叔一直没回来，爸爸妈妈留下来照顾婶婶和孩子们，小灵通他们几个就回家了。

刚走到住院区门口，他们就看到了一个熟悉的身影，个头不高，一副大号墨镜架在鼻梁上，遮住了半张脸。

"芈汉杰！"小灵通、门墩儿、竹子兴奋地围了上去。虽然芈汉杰和他们相处的时间不是很长，但是几个人的友谊可挺深厚的。自打上高中后，因为学习紧张的缘故，加之芈汉杰要满世界飞来飞去地下棋，大家见面机会可不多。

芈汉杰和大家嘻嘻哈哈地开着玩笑，他也是来医院探望亲戚的。现在他虽然是世界冠军，可是仍然没有一点架子，还是以前那个平易近人的少年。用他自己的话说，世界冠军只能证明你围棋方面的造诣，出了围棋界，你不还是个普通人——瞧他心态多好。

格格则害羞地站在一边，没有像大家一样围过去。看到此情此景，小灵通他们几个会心一笑。

自打在火车上那次玩牌事件之后，芈汉杰算是把一群人彻底给"震"了。格格是受震动最大的，这个一贯心高气傲的女孩，头一次见到一个人的智商居然如此高深，算是彻底被折服了。加上外国人电动车撞人那回，要不是芈汉杰把她推开，用绷带把胳膊挂脖子上的，就该是她了。一想到因为这件事害得芈汉杰要带伤出战大赛，格格就自责不已，还好芈汉杰拿下了世界冠军，要不这件事情会成为格格终生遗憾的。① 一来二去，再加上前不久她和

---

① 格格与芈汉杰的故事，详见本系列丛书《我们班的"棋王"》。

芈汉杰之间发生的一件事情，让格格对芈汉杰的感觉多少有一点特别。

铁三角跟芈汉杰闲聊了几句，就随便找了个借口离开了，留下了格格和芈汉杰两个人。

结果刚走到门诊楼那里，门墩儿又捂着肚子叫起来，"哎哟，这肚子真不争气，转着劲儿地疼啊。小灵通、竹子，你俩等我一会儿"。说罢"噔噔噔"地跑进了洗手间。

小灵通和竹子俩人百无聊赖，坐在门诊大厅里面四处张望。突然，小灵通碰了碰竹子，说："快看，那有一个男生，好家伙，满脸的红疹子啊，这要是拿手机自拍一下，跟扫描二维码差不多了吧？"

竹子瞪了他一眼，说道："勇凌，你人挺好，就是有时候这嘴可真不积德。哎，不对，那不是胡一波吗？"

小灵通定睛一看，就是广播。两个人赶紧走了过去。还没走到他身边，就听他自言自语地说道："怎么办？长这么多疹子，本来人长得就不怎么样，这下更完了。过段时间还要见网友呢，人家拿手机跟我合拍张照片，不得被误会成扫二维码啊？"

小灵通冲竹子一挤眼，意思说看英雄所见略同吧。竹子无语了，心说世界上聪明人各有不同，但"二货"们都是一样的。

广播抬头看见俩人，赶紧打招呼。俩人关心地问他，怎么才一天不见，就搞成这个样子了？

广播说："嗨！还不是因为你们家马小二。自打从小学时第一次去你家玩，我就喜欢上它了，溜光水滑，多漂亮啊，抱着也舒服。回家就跟我爸闹着也要养一只狗。"小灵通插话说："你爸那么有钱，别说弄一条了，弄一个养殖场都成啊。"

广播说："别提了，我继母对我挺好的，也挺喜欢狗。昨晚我放学回家，发现家里多了条哈士奇。跟你家小二一模一样，纯种的，把我给高兴的啊，唯一的缺点就是二得让人心碎。"

小灵通说："我们家小二可不二，聪明着呢，还会跟人贩子搏斗、勇救被拐儿童①呢。"广播说："我听你说过，问题是我们家那只就不成，昨天晚上不知怎么心血来潮，对自己尾巴发生兴趣了，一个劲儿地去抓尾巴，原地玩儿命转圈。好家伙，一转转了一个多钟头，玩得老开心了，我就在一边看着。"

竹子心说这世界上闲人可真不少啊，你也是真够闲的。

"结果这家伙转得天昏地暗，直到转吐了才停下来，我在旁边都看晕了。给它打扫干净，洗了澡，又抱它玩了好一会儿。结果今天早上起来一照镜子，整栋楼的人都被我吓醒了。"广播满脸沮丧。

---

① 马小二的光辉事迹，详见本系列丛书《为什么倒霉的总是我》。

检察官提示

家庭宠物已逐渐成为我国城乡许多家庭的重要成员，成为人们生活中的伙伴。有相当一部分人与家养宠物过多接触，由于喜爱而将它们抱在怀中，与其过于亲密，甚至吃住不分，这就为"人畜共患病"的滋生和蔓延提供了温床，极大地增加了疾病传染的可能性。

有资料表明，我国已发现细菌、病毒、真菌和寄生虫引起的"人畜共患病"150多种，这些疾病可能通过人畜接触传染，可能通过空气、水源、动物食物或粪便传染，也可能通过蜱虫等节肢动物在人畜之间传染。

为了预防宠物引起的疾病，**要注意每天对宠物休息的场所进行清理，并定期进行消毒。要及时到有关部门给宠物注射疫苗。**特别是在街头领养回家的宠物，一定要先去兽医部门检查，并注射疫苗。**每年都要为宠物进行一次寄生虫方面的检查，要定期给它们服用杀虫药物。不要让宠物与主人同桌进餐，更不能与宠物共用餐具。**

　　"得，不用说，肯定是你们家狗传染上什么了。"小灵通说。广播点点头："我爸也这么说，这不挂完号等着医生叫我吗？哎，今儿个有点不对啊，别光说我。平常你们铁三角总是形影不离的，怎么今儿个门墩儿不在啊？哦，我知道了，你俩是不是偷偷约会呢？瞧，竹子脸都红了，哈哈，没错吧？还是我神机妙算。"广播一脸坏笑地看着小灵通和竹子。

第四章

门墩儿的舍友

听到广播信口开河，竹子脸上一红，正要开口解释，只听"啅"的一声，小灵通给了广播脑门一个栗暴，说道："我说你是不是当初出生的时候，护士太着急，忘了把你脑子一起抱出来了？你见过谁约会逛医院啊？"小灵通翻着白眼跟他把今天的事情经过简单地说了下。

　　听到门墩儿这几天一直肚子疼，广播的眼神忽然间有点躲闪，不敢直视小灵通的眼睛。竹子心细，赶紧插话问道："胡一波，你是不是知道些情况啊？你和孟家栋是一个宿舍的，有啥事可别瞒着大家啊。从小学时起，他的身体就结实得跟小牛似的，连感冒都没怎么见过，这次闹肚子差不多快一个星期了还不见好，圆脸都快瘦成长脸了。咱们怎么说也是一个学校出来的同学和朋友，是吧？"

小灵通一琢磨，竹子说得对啊，门墩儿那身体，不像生病的样儿。一开始闹肚子的时候，自己还陪他去校医院看过，化验一切正常，没有肠炎之类的毛病。再联系一下刚才广播的眼神，说道："没错，竹子说得对。你刚才那眼神怪怪的，别是有啥事瞒着我们吧？太不够朋友了。"

广播脸有点红，说话吞吞吐吐，"这个……嗯……算了，我还是告诉你俩吧，要不憋我心里也挺难受的。"

原来昨天下午放学后，大伙都飞也似的各回各家，各找各妈——一个星期没回家了，想得慌，究竟还是一群大孩子啊。广播刚走到校门口，突然想起有本书没带，又折了回去，结果走到宿舍门口，听见两个室友在说话。

这两位同学一个叫杨松涛，一个叫庄强，俩人家在外地，只有寒暑假才回家，平时一直住校。俩人来师大附中学习不久，成绩都不错，但是跟同学们还不太熟，加上从外地过来，生活习惯跟其他几位室友需要磨合一段时间，生活中多少有点小摩擦。不过他俩之间关系一直很好。

广播走路一贯高抬腿轻落步，静悄悄地跟猫似的，有时候大晚上走到同学后面冷不丁地拍人一下肩膀，能把人吓一哆嗦。结果走到宿舍门口，那两位同学也没听见他，继续说着话："松涛，这几天孟家栋叫咱俩收拾得也差不多了吧？该收手了。""那可不成，这小子平常这么嚣张，不让他吃个大亏，他能吸取教训吗？""哎呀，你看他这几天没事光跑厕所了，人瘦了一大圈，咱俩也别太过分了。""好吧，那就再喂他一个礼拜，之后就罢手。"

广播听得心里"扑通扑通"的，连书也没敢拿，静悄悄地退了出去。一路上还琢磨，得亏没被发现，要不不得让这俩家伙给灭口啊？不过他心理素质出奇的好，看到家里的哈士奇，转眼就把这事给忘了，今天听小灵通说起门墩儿，眼神躲闪了一下，被竹子看出了破绽。

只听背后"扑"的一声轻响，仨人回头一看，门墩儿手里一大卷手纸掉在了地上。

门墩儿闹肚子闹得头晕眼花，刚从厕所出来又折了回去，再次出来后从医院小卖部买了一大卷手纸，结果走过来就听到这么一出，心理阴影面积瞬间达到三室一厅。气得他一把揪住广播脖领子，吼道："哎，我说，我咋惹到他们两个了？他们是怎么折腾我的？再这么下去，我肠子都快拉出来了。"

广播哀求说："喂，喂，你快放手，我都喘不过气了，又不是我干的。"门墩儿讪讪地帮他整理好衣领，问道："你广播宽宏大量，甭跟我这粗人一般见识。他俩好好地怎么说我嚣张呢？天地良心，你们仨说说，咱们认识这么久了，我是这样的人吗？"

广播说："八成是你的生活习惯和他俩冲突了，

我们都不当回事，他俩是外地来的，估计不太适应。就说你晚上经常打呼噜吧，我好几回偷听到杨松涛跟庄强埋怨说晚上总睡不好。还有，你是体育委员，又是学生会干部，事情多，经常晚上回来得晚，我们都睡下了，你'咣当'一声把门推开，洗漱时声音还弄得特别大，我有时候都挺不高兴的。最惨的是你每天下午都参加校足球队训练，夏天一回宿舍，哎哟那个汗臭味啊，屋里没法待人了，偏偏杨松涛下午喜欢在宿舍看会儿书。你又懒得要命，踢完球光冲个凉，队服、球鞋、袜子都不洗，一攒一大堆塞床底下，时间长了，袜子都硬了。那回我不小心打翻了你床下放衣服的盆，结果袜子摔得'当当'响，靠着墙放都能站住。不过这也有一个好处，没发现咱们宿舍从来不闹老鼠吗？你床底下有化学武器啊……"

广播还想接着说下去，看着门墩儿一阵青一阵红的脸，识趣地闭了嘴。

检察官提示

相信本书的大部分小读者，即使还没有经历过宿舍的集体生活，但是在未来不远的大学时代，也迟早会经历的，这就需要大家努力去适应，融入宿舍生活。同一个宿舍的室友来自不同的家庭，甚至是不同的地域，个人生活习惯存在差异，初次相处起来难免会不习惯，甚至可能与室友产生矛盾。那么宿舍生活应该注意哪些问题呢？

第一，要彼此尊重各自的生活习惯，同时改变自己的一些不良生活习惯。

第二，舍友相处之初，难免会发生一些冲突，请大家心平气和地交流，切忌发脾气、争吵。有矛盾一定要尽快解决，不要让小矛盾累积成大矛盾。

第三，一定要尊重室友的隐私，不要窥探、传播。很多时候，不尊重室友的隐私是宿舍诸多矛盾的根源。

第四，宿舍是一个小型的社交场所，为大

家真正走进社会提供一个过渡，在这个场所中，一定要培养自己的防范意识，贵重物品不要放在显眼位置。同时也要注意保护自己的隐私。

总之，**在宿舍生活中，室友要相互包容、互相尊重。**能在一个宿舍里生活是一种缘分，每个人的性格、脾气不同，要学会包容，因为没有人是完美无缺的。要做到心胸宽广豁达，这样才能够和室友打成一片。

小灵通也恍然大悟，说道："门墩儿，作为好朋友我多说一句啊，你这样总打扰室友生活可不成。唉，广播你们几个也真是的，干忍了这么久，怎么不跟他直说啊？他又不是那种蛮不讲理的人。"广播说："这不是我们几个脾气好嘛，不过说实话，就门墩儿这块头，谁想跟他开口说点啥不中听的，得需要一些勇气才成。打个比方啊，比如说有一只藏獒，就算大家都知道它从来不咬人，但是你要当着它面把狗食盆子拿走，没点儿胆量还真不成。"

"有你这么打比方的吗？好好的人比喻成狗了。"门墩儿瞪了广播一眼。

"现在看来八成是这俩人在背后使坏了，不过他们怎么弄的孟家栋总闹肚子呢？"竹子说道。

门墩儿突然一拍大腿，惊呼道："我明白了，我每天去训练前，总晾一大杯白开水，踢完球冲个凉，来上一大杯夏日特饮——凉白开，甭提多得劲了。这俩家伙不是在这里使坏吧？"

小灵通、竹子、广播仨人一齐点头，表示认同门墩儿的想法。

"我周一就找班主任去，我是有错在先，但是也不能背后这么修理我吧？"门墩儿怒气冲冲地说。小灵通一拉他袖子，说："急啥，你手里还没一点证据呢。光广播这些话，证据还不足，他们要是死不认账，谁也没辙，还打草惊蛇了。竹子，这回就看你的本事了。"几个小伙伴叽叽呱呱商议了半天，琢磨出了一个方案。然后小灵通给门墩儿挂了个号，中医的，反正西医查着没毛病，那就换个思路。

果然，大夫听门墩儿说完病情，切了切他的脉，翻了翻他的眼皮，十分肯定地告诉他，这是芒硝造成的腹泻，长期服用的话，对身体危害很大。芒硝无色，溶于水，看起来不会有异常。不过大夫也有一点疑惑，他问门墩儿每天喝水有没有感觉出苦味，因为能引起腹泻的中药没有一个不是苦得难以下咽的。门墩儿回忆了半天，说也许是自己口渴，喝得太快，没察觉出来。小灵通在旁边满脸郁闷，心说门墩儿嘴里长的是舌头吗？

不过不管怎么说，病因算是找到了，大夫给门墩儿开了药。广播那边也没啥大事，就是他家狗身上的真菌引起的皮疹，擦点药，把狗牵宠物医院消消毒就行。于是广播和铁三角告辞，自己回家了。

门墩儿回家路上还忿忿不平，小灵通和竹子劝他少安毋躁，周一就知道事情真相了。说着说着，话题转到了广播身上，竹子感叹说广播心是真宽，妈妈去世得早，打从懂事起就没见过妈妈的面，他爸爸又光忙着做生意，也不怎么顾得上他。可是他从小成绩就出色，人品上佳，三观也正，老天还真挺眷顾他的。

第五章

校园暴力

铁三角一路走，一路说说笑笑，离家没多远了。门墩儿笑得开心，肚子也不怎么难受了。

　　这段路在一条河边，现在正值初夏，河岸边杨柳轻拂、凉风习习，让人心旷神怡。竹子眼尖，小声说道："哎你俩快看，那个坐在河边玩手机的女孩，不是咱们班舒颖吗？"

　　舒颖是个文静、瘦弱的女孩，她家也是外地的，而且家庭条件不太好。她寒暑假都不回家，在市里快餐店打工挣钱。平时也总孤零零的一个人，不怎么和其他同学来往，不过她周末总是在学校刻苦用功，今天怎么有心情来这里闲逛？

　　竹子皱着眉头说不对，看她那魂不守舍的样

子，仁人正想过去和舒颖打个招呼，这时仁人的手机一起响了，原来是班级的微信群有同学更新信息了，仁人打开一看，不由得面面相觑，面色大变。

新信息正是舒颖刚刚接连发出的，第一条是"其实，河水看起来并不那么可怕。"第二条则让人毛骨悚然："永别了。"

只见舒颖飞身一跃，跳过了河边的栏杆。旁边路过的人发出一片惊呼。

铁三角大惊失色，飞奔过去。门墩儿跑得快，他边跑边脱外衣，顺便甩脱了鞋子，"扑通"一声也跳了下去。小灵通一把没拉住他，大声喊道："用不着下河救人啊。"

看着竹子疑惑的眼神，小灵通拿手指了指河里，只见门墩儿站在齐腰深的河水里面哭笑不得，舒颖则在一旁放声大哭。

小灵通和竹子脱下外套裹住这两只"落汤鸡"，赶紧去了竹子家。赵阿姨吓了一跳，赶紧烧开水熬姜汤给俩人驱寒，又找了套竹子的衣服给舒颖。

舒颖哭得上气不接下气，死也不肯说为什么自己想不开走这条路。竹子心细，使个眼色把俩男生打发出去，自己在卧室里面一面帮舒颖换衣服，一面慢慢地安慰、开导着她。

客厅里门墩儿一边打喷嚏一边埋怨小灵通怎么不早点拦住他，害得他白跳了次水。小灵通哭笑不得，说："你可算是会游泳了，能耐了，咱俩从小就在这边长大，你不知道这条河夏天最高水位也就一米五啊？现在才初夏，撑死一米出头，光顾着'英雄救美'了是吧？"门墩儿讪讪地说："我这不是见义勇为嘛，我水性好，不像你是个旱鸭子，再说你也知道我脑子有时候转得慢，手脚反应经常比脑子快。"小灵通说："那是，你这神经反射弧跟恐龙差不多长了，扎你一针，一个星期后才想起来'哎哟'一声……"

瞧，这两位杠精附体、国家一级抬杠运动员没事儿爱斗嘴的习惯，一时半会儿是改不了了。

俩人正斗嘴，只见竹子从卧室里面出来，脸色气得铁青，"这事不是小事，咱们先跟班主任汇报下，然后报警吧"。

原来舒颖虽然和他们几个同班，但是宿舍舍友都是外班女生，除了一个女孩外，另外四个都是高二的所谓"后进班"的女生。这个班的学生普遍不怎么喜欢学习，成绩显然也不好，学校将他们单独组成一个班管理。平时和其他班级井水不犯河水，倒也相安无事。

可是舒颖运气不太好，同舍的这几个女生都是"班霸"，小小年纪就抽烟喝酒，在社会上乱交朋友，旷课之类更是家常便饭，其中一个手腕上有纹身的女生是她们的"大姐大"，一贯飞扬跋扈。舒颖性格软弱，从来这个宿舍的第一天起就被她们欺负得抬不起头来，另一个非后进班的女孩家是本市的，"大姐大"欺软怕硬，一开始欺负过那女孩一回，结果第二天女孩的家长就找到学校，还当面警告了"大姐大"，于是她对那个女孩就比较收敛，除了嘴上经常挤兑人家，倒也不敢过于嚣张。那女孩也不理她们几个，专心学习，宿舍对她来说就是张床而已，倒也没什么不自在的。

舒颖就惨了，谁让她性格软弱，家又是外地的，而且家庭条件还不好呢？她受了欺负，身边没有朋友，又不敢让家里担心，就把这些屈辱一直埋在心里，直到昨天晚上。

周五的晚上，宿舍只剩她一个人了，她正专心地看书，"大姐大"突然带着好几个女生一脚踢开了房门。"大姐大"问她是不是背后讲她坏话了，她连忙否认，接下来就是如同噩梦般的时刻，"大姐大"一个接一个地打她耳光，她的耳朵被打得嗡嗡作响，鼻血也流了下来。看她不承认（事实上她确实没有做这件事），"大姐大"又让手下的人轮番殴打她，还剥去她的衣服，拿手机拍下了好多她衣冠不整的照片，并扬言如果她胆敢告诉老师，就把这些照片都放到网上去，让她从此没脸见人。

检察官提示

校园欺凌（School bullying），指在校园内外学生间一方（个体或群体）单次或多次，蓄意或恶意通过肢体、语言及网络等手段实施欺负、侮辱，造成另一方（个体或群体）身体伤害、财产损失或精神损害等的事件。

面对可能遇到的校园欺凌，各位小读者请做到以下几点，保护好自己。

第一，在威胁与暴力来临之际，首先告诉自己不要害怕。要坚信邪不压正，同学与老师以及社会上一切正义的力量都是自己的坚强后盾，会坚定地站在自己的一方。

第二，碰到暴力应尽量保持镇静，不要惊慌，有勇有谋地保护自己。无论如何一定要记住施暴者的人数和体貌特征，以便事后及时报警或报告老师。

第三，如果受到伤害，一定要及时向老师、警察申诉报案。千万不要向恶势力低头，不要给施暴者留下好欺负的印象，如果一味纵容他们，最终只会导致自己或他人频频受害，陷入可怕的梦魇之中。

法条链接

《中华人民共和国未成年人保护法》

第三十九条 学校应当建立学生欺凌防控工作制度，对教职员工、学生等开展防治学生欺凌的教育和培训。

学校对学生欺凌行为应当立即制止，通知实施欺凌和被欺凌未成年学生的父母或者其他监护人参与欺凌行为的认定和处理；对相关未成年学生及时给予心理辅导、教育和引导；对相关未成年学生的父母或者其他监护人给予必要的家庭教育指导。

对实施欺凌的未成年学生，学校应当根据欺凌行为的性质和程度，依法加强管教。对严重的欺凌行为，学校不得隐瞒，应当及时向公安机关、教育行政部门报告，并配合相关部门依法处理。

非人的折磨一直持续到深夜，舒颖一直抱着头蹲在墙角，默默地忍受着折磨，面对一大帮人，她没法反抗，无谓的反抗只会招来更大的屈辱。最后，"大姐大"也折腾累了，带着手下趾高气扬地离开了宿舍，临走还不忘狠狠威胁了舒颖。

舒颖仿佛麻木了，双手抱膝呆呆地坐在冰冷的地板上，一个多小时过去，她才绝望地哭出声来。整整一天，她都在耻辱与绝望中挣扎，自己也不知道怎么就走到了这条河边，望着冰冷的河水，发出了那两条微信……

"我刚才帮舒颖换衣服，她身上全是伤，肩膀上还有几个被烟头烫伤的伤口。这帮人太缺德了。"竹子愤愤地说。小灵通和门墩儿还是第一次听到竹子这么说话，十分惊讶。

"你俩还愣着干什么啊？赶紧打电话请班主任来一趟，都差点出人命了。然后赶紧报警吧。勇凌，你懂法，'大姐大'她们这种行为，算犯罪吗？"

检察官提示

校园暴力可能涉嫌多种犯罪，就本章中舒颖的遭遇而言，"大姐大"等人故意殴打、伤害舒颖的行为，涉嫌故意伤害罪。不过这些人的行为到底是否构成故意伤害罪，是否会被追究刑事责任，还要看伤害的程度。经过权威机构对舒颖的伤情鉴定，**如果是轻微伤的，那么不构成犯罪（但是加害人仍然要承担侵权责任，要赔偿舒颖的损失以及接受行政处罚），如果达到轻伤标准，检察院将会对犯罪嫌疑人提起公诉，提请法院追究犯罪嫌疑人的刑事责任。**

这里顺便向各位小读者说明一下，刑法上规定的轻伤、重伤和我们日常生活中所理解的轻伤、重伤完全是两个概念，有兴趣的小读

者们可以自行搜索下《人体轻伤鉴定标准》与
《人体重伤鉴定标准》。

法条链接

《中华人民共和国刑法》

第十七条（第一款）　已满十六周岁的人犯罪，应当负刑事责任。

第二百三十四条　故意伤害他人身体的，处三年以下有期徒刑、拘役或者管制。

犯前款罪，致人重伤的，处三年以上十年以下有期徒刑；致人死亡或者以特别残忍手段致人重伤造成严重残疾的，处十年以上有期徒刑、无期徒刑或者死刑。本法另有规定的，依照规定。

　　小灵通向他俩解释了这个法律问题，结论是"大姐大"她们的行为即使不构成犯罪，行政处罚——就是拘留也是跑不了的。太不像话了，这绝对是一起恶性校园暴力事件。竹子点点头，拿起手机就要给班主任打电话。

　　门墩儿伸手一把按住了竹子手里的手机，急忙说道："竹子，你别太冲动好吧？你刚才说了，'大姐大'威胁舒颖要是她敢告诉老师，就把那些照片都传网上去，咱们可别害了人家啊，万一那帮人狗急跳墙呢？"

　　竹子诡秘地一笑，"孟家栋，你太小瞧我安雨竹了吧？那'大姐大'的手机要是不上网，我还真没脾气，不过谁让她天天挂着QQ在线呢？那些照片已经被我删得干干净净了，放心吧"。

检察官提示

在这里我们要强调一下，竹子侵入他人手机，删除其数据的行为，属于黑客行为。由于本书是小说，这部分情节纯属虚构，而在现实中，黑客行为是有可能触犯法律，要承担相应的侵权责任乃至刑事责任的，所以请各位小读者切勿效仿。

小灵通也一拍墩儿肩膀，"你又忘了竹子她是家学渊源①了吧？咱们学校，要说折腾电脑，竹子说自己第二，谁敢说第一啊。去年寒假，她们科

① 竹子的父亲是位优秀的 IT 工程师，详见本系列丛书《为什么倒霉的总是我》《失败的营救计划》《小魔女的汤》《我们班的"棋王"》。

技小组在她领头下还鼓捣了个机器人呢，会拉小提琴，那家伙拉得，比她本人拉得好听多了。哎，竹子你别瞪我，我说错了还不行嘛……"

第六章
危机时刻

匆匆赶来的班主任听了舒颖的哭诉和竹子在旁边的补充，大为震惊。师大附中治校严格，在本市重点高中里面是出了名的，虽说因为种种原因也不得不招收一些素质相对较差的学生，但是在学校历史上还从没发生过类似事件。

班主任沉吟半晌，说："这件事情不小，周一得向领导们汇报下，不过舒颖你放心，学校一定会公正处理的。安雨竹你明天陪舒颖去医院治伤，顺便也留下那些人施暴的证据。正好安雨竹你们宿舍剩张空铺，舒颖先去那里暂住吧，事情没解决前，不要回原来的宿舍了。"

竹子点头，对舒颖说："那么这两天你先住我家吧。"舒颖含着泪点了点头。

小灵通和门墩儿告别，走到家门口一看手机快七点了，心说坏了，刚才忘了跟爸爸妈妈说一声，俩人可别等着急了。结果一拽门，发现还锁着呢，这时听见爸爸妈妈的说话声从电梯那边传过来，敢情一家三口今天回来都挺晚的。

小灵通一脸郁闷地看着妈妈去厨房煮冻饺子，问爸爸今天怎么也回来这么晚啊？爸爸轻叹一声，说还不是因为你叔叔，今儿个又玩命去了。

原来叔叔今天接待完参观派出所（其实是参观他本人）的新入职的警察，本来打算立即回医院照顾婶婶他们娘儿仨的，结果正好来了个报警电话——某小区底商有家店里两个人因为经济纠纷吵起来了，吵得挺凶的，于是店主打电话报了警。

叔叔四下一看，所里事情多，除了一个刚来的做内勤的小警花和自己，其他警察都出去执勤了。叔叔心说也没啥大事，一个普通的经济纠纷而已，自己去调解调解就完了，去医院也不差这一会儿工夫。

结果到了现场，叔叔才发现自己过于托大了——现场气氛让人窒息。只见一个人敞开了衣襟，围着他的腰满满一圈都是炸药，炸药的导火索就在他右手里面。后来才知道，这人腰里围了整整十六千克炸药，一旦爆炸，整座居民楼将灰飞烟灭。今天正值周末，很多人都在家休息，伤亡人数将无法估量。

店主缩在一边的角落里面，脸色发青，浑身瑟瑟发抖，浊黄的液体顺着他的裤腿不断地流下来。

叔叔心说，现在想向上级求援都来不及了，在绑炸药的人的虎视眈眈下，谁敢动手拨电话啊？

　　事后叔叔了解了下案情，这事起因是那位店主不地道，借了捆满炸药讨债的人一大笔钱，然后找各种借口不还，后来干脆玩儿失踪。讨债的这位找了他三四年，好不容易事先得知消息，今天才把他堵在店里。讨债的人今天过来之前也是心一横，琢磨着你不让我好过，我今天也不放过你。一开始俩人说话还挺和气，讨债的也没亮出炸药包，结果谈着谈着俩人火气越来越大，店主干脆报了警。看店主这架势今天又不可能还钱了，讨债的一把撕开了自己的衣襟。

　　叔叔心说早知道是这个局面，我就呼叫市局的支援了，现在就我一个警察在这戳着，身上除了一副铐子，啥警械也没带。

　　然而，面对的讨债人腰缠炸药，随时可以炸毁整整一座居民楼，在这个时候，叔叔没有任何缓冲的余地：要么上，要么跑，别无选择。

　　叔叔好言劝慰讨债的，希望他能主动放下炸药包，争取宽大处理。

讨债的还挺懂法的，他跟叔叔说："警官我知道，只要今天这炸药包一亮，这事儿就没法善了了，就算法院判个爆炸罪未遂，也得判好多年。今儿个我就是不蒸馒头争口气，我这些年过得不容易，心里憋屈着呢。"

"你心里憋屈，就拉这一栋楼的人跟你陪葬啊？你知道你这叫什么行为吗？这是针对平民的恐怖主义行为，无论你的命运多么悲惨，动机多么'高尚'，当你把伤害无辜的普通人作为手段时，你就是人类的敌人、可耻的懦夫、人人可诛的罪犯。你现在唯一的出路就是放下炸药包，争取法律的宽大处理。我会为你作证的，证明你是主动放弃犯罪，属于犯罪中止，比犯罪未遂判得轻多了，过几年出来又是一条好汉。"叔叔斩钉截铁地说。看着叔叔坚定的目光，讨债的人眼光有些躲闪，似乎有些动摇。

"还有，他欠你多少钱？你进去后，我会想办法替你讨还，一分钱也不会少你的。把炸药包放下，万一伤了楼里跟你一样的老百姓，你的灵魂将永远不得安宁。"叔叔接着劝说道。

讨债的人眼中仿佛有些泪光，喃喃地说："警官，你是个好人，可是你说得太晚了，我今天来就是打定主意，如果他不立马还钱，就和他同归于尽。可惜你一个好人给他陪葬了，没办法，这就是命。"说罢，他猛地拉动了导火索。

在店主的惨号声中，一道白光闪过，"铎"的一声钉在讨债的人身后的墙壁上，是一把小小的折叠水果刀，兀自在不停地颤动。

讨债的人看着手里只剩了半截的导火索，惊讶地张开了嘴，还没等他做下一个动作，叔叔的右掌已经如闪电一般劈在了他颈侧。

检察官提示

犯罪中止，是指犯罪嫌疑人在犯罪过程中，自动中止犯罪或自动有效地防止犯罪结果发生的行为。从刑法上来说，**犯罪中止必须具备以下条件：**

第一，必须是在犯罪过程中停止犯罪。犯罪完成之后自动恢复原状（比如偷完钱后将钱放回原处）或自愿赔偿损失，都不能认为是中止。

第二，必须是自动中止犯罪或自动有效地防止犯罪结果的发生。

所谓自动中止犯罪，就是行为人出于自己的意志停止可以进行下去的犯罪活动，它表现为行为人自己在完全有可能完成犯罪的情况下，自动停止犯罪的进行。如果行为人受到阻碍或感到恐惧认为自己已不能完成犯罪而停止犯罪的进行，就不是自动中止犯罪，而是被迫停止犯罪，属于犯罪未遂。

犯罪中止的自动性，还可以是犯罪既遂之前，行为人出于自己的意志主动采取积极措施以防止犯罪结果的发生，这也是犯罪中止的一种表现。

第三，必须是彻底地停止犯罪。所谓彻底地停止犯罪，就是行为人打消了完成犯罪的念头，不再实施该种犯罪。如果是行为人感到时机不利，暂时停止进行犯罪而等到适当时机再实施，那就不是彻底地停止犯罪，而是犯罪进行的暂时中断。

本案中，如果讨债人能够听从叔叔的劝说，主动放下炸药包，放弃犯罪，属于犯罪中止。而实际上他拉响了导火索，只是因为叔叔的阻止未能导致爆炸结果的发生，这种情况则属于犯罪未遂。

法条
链接

《中华人民共和国刑法》

第二十三条　已经着手实行犯罪，由于犯罪分子意志以外的原因而未得逞的，是犯罪未遂。

对于未遂犯，可以比照既遂犯从轻或者减轻处罚。

第二十四条 在犯罪过程中，自动放弃犯罪或者自动有效地防止犯罪结果发生的，是犯罪中止。

对于中止犯，没有造成损害的，应当免除处罚；造成损害的，应当减轻处罚。

看着被自己劈晕的讨债人和已经吓得昏死过去的店主，叔叔把讨债人身上的炸药包解开扔到一边，给他戴上了手铐，才发现自己浑身都在冒冷汗。

那把小刀是他今天给婶婶削水果时用的，这也是他身上唯一有进攻性的东西了。他一边跟讨债人说着话，一边祈祷着自己的身手还能像以前一样刀无虚发，虽说他的飞刀是当年特警队一绝，但是过了这么久，准头如何，只有请上天保佑了。飞刀出手的一瞬间，叔叔满心萦绕的，只有婶婶和他刚刚降临世间的两个孩子。

小灵通后来跟叔叔说，是叔叔的诚心感动了上苍，因为那么细的一根导火索，就算是叔叔以前身手矫健的时候也不敢说一定能割断。叔叔笑而不语，说过去的事情就不要再提了。小灵通又问叔叔这个案子给他带来了什么奖励啊？

叔叔微笑着说这种小案子，办了也就办了。

"小案子？"

"是啊，谋杀、爆炸、绑架、强奸这些案子，对公安系统来说都是小案子。"

有小读者不干了，这样的案子还算小吗？——小读者们，和那些涉案金额动辄几十亿元，或者中央挂牌督办的大案、要案相比，你说这些案子算是大案子吗？

然而，这些刑事案件，对于你我这样的普通老百姓却有着特别的意义，因为它们都是生活中对普通老百姓伤害最直接的案件，虽然是公安机关的小案子，但却是老百姓的大案子。而一个警察的职责，在这些必须直面案犯的案件中，也唯有八个字：狭路相逢，无可回避。

叔叔感慨道："作为一个警察，我关心的就是那座楼，全楼上千个居民的生命，我唯一考虑的就是怎么不让炸药响。"

检察官提示

采取妨害社会管理秩序的违法犯罪行为去表达诉求，是世界上任何一个法治国家都不能容忍的，都要受到法律制裁。

当我们的合法权益受到损害时，对于涉及较大利益的诉求，应通过诉讼程序，委托律师对案件进行调查分析，充分运用法律的手段来维护自己的合法权益。对于邻里、家庭之间所产生的小矛盾和纠纷，还可以去当地乡镇或社区居委会申诉，由专门的社区负责人负责纠纷的调解以及利益的追偿等。

合理诉求是公民的基本权利，但是权利的实现

必须以不损害他人的合法权利和公共利益为前提。不允许以违法的方式进行，更不能损害国家、社会、集体的利益和其他公民的合法权利。如聚众闹事，打砸、冲击国家机关和辱骂、威胁、恐吓公务人员，在网络上夸大、歪曲甚至捏造事实，误导公众等，均属于法律禁止的方式。采取违法的过激方式，不但使自己应有的合法权利得不到实现，而且还侵犯了法律保护的社会关系，甚至触犯刑法。**只有以理性合法的形式表达诉求，合理合法的诉求才能真正得到解决。**

爸爸说叔叔下午很晚才到医院，他和妈妈、婶婶都注意到了叔叔脸色发白，不太对劲，叔叔连连推说上级临时有点事情找他耽误了。他抽空把叔叔拽到一边，才知道今天发生的事情是如此的惊心动魄。

"千万别告诉你婶婶啊，她身体还虚着呢，不能受惊吓。"爸爸不放心地叮嘱小灵通。

　　小灵通点点头，又摇摇头，"婶婶那么聪明的人，肯定会猜到今天有事发生的。她跟叔叔是心照不宣。"

第七章
凉白开之谜

这个周末发生的事情实在太多，把小灵通的脑子给搞得晕头转向，周一差点起床晚了，连早饭都没来得及吃就叫上竹子和舒颖一起去学校了。两个人骑自行车去，小灵通后座带着舒颖。

　　竹子本来不会骑自行车，然而考上高中后，学校离家比以前远多了，不骑自行车很不方便，如果坐公交车的话，路上总堵车，一不小心就会迟到。于是在小灵通的一再鼓励下，两个人就利用升学前的那个暑假，在蓓蕾中学的操场上不断练习。

　　说实话，竹子确实缺少点运动细胞，用她自我解嘲的话说就是小脑脑残加运动神经瘫痪。小灵通心说姐姐你可不光缺运动细胞，音乐细胞也不行啊——竹子给他拉了整整五年的小提琴①，小灵通居然都熬下来了，不容易啊。

一开始竹子一骑就倒，摔得两条腿青一块紫一块的，手掌也擦破了好几块皮。小灵通于是瞒着妈妈偷偷地把自己旧羽绒服的袖子拆了，给竹子做了两个护腿（说实话他挺想买副新的，无奈妈妈没给他这个财政预算。竹子也没好意思跟赵阿姨要，这样显得自己太笨了），还把自己的棉手套给竹子用，一个夏天下来，竹子总算是学会了骑自行车，棉手套和护腿也都摔得差不多了，唯一的问题是给竹子身上捂出不少痱子来。

---

① 详见本系列丛书《为什么倒霉的总是我》。

检察官提示

生命在于运动，合理科学的体育运动直接关系到各位小读者们身心的健康成长，在这里我们提醒大家，运动时需要注意的安全事项。

第一，如何防止运动中受伤。认真做好运动前的准备活动，运动时要正确掌握动作要领，注意做好场地设备的检查，加强安全防护。

第二，做运动的过程中，需要特别注意以下几种情况。

1.在中长跑运动中，因准备活动不充分，而导致腹痛，此时可用手按住痛的部位，减慢跑速，做几次深呼吸，一段时间，疼痛就会消失。

2.剧烈运动中如果突然停止会引起"重力休克"，因此，必须以逐步减少运动量（如慢跑、行走及深呼吸）来过渡。

3.在运动中，如果感到头晕，应该立即停止运动。

4.运动或比赛前，学生应注意保持良好的

睡眠和体力。

5.运动或比赛后，应做好放松活动，如抖动肌肉，以尽快恢复体力和肌肉的力量。

最后请大家牢记的是，**不管是平时运动还是参加比赛，安全始终是排在第一位的。**

饶是如此，竹子第一次骑车上路，还是出了事故。小灵通怕她是新手，第一次上路害怕，还特意找了条没什么人的马路，陪着她骑。竹子正吭哧吭哧地蹬着，突然前面走过来一个老大爷要横穿马路，竹子一下子慌了，连声呼喊"别动别动"，但车子笔直地奔老大爷过去了。她连闸都忘了捏，小灵通想阻止也来不及了，只听"砰"的一声，老大爷被撞得那叫一个瓷实。

竹子这回倒是挺灵活，整个人往下一跳，两条腿撑在地上，自己倒没摔着，就看老大爷疼得龇牙咧嘴，于是赶紧连声道歉。老大爷怂怂地说："闺女啊，你这是练骑车还是练撞人来啦？还'别动别动'，怎么着，你还怕瞄不准是吧？"

竹子满脸通红，赶紧解释说自己本来想喊"小心小心"来着，没想到一着急喊错了。"老爷爷，您没伤到吧？要不咱们去趟医院？"小灵通在旁边也一个劲儿地道歉。

老大爷一看这俩孩子道歉挺诚恳的，怒气消了大半，说："没事儿，我这把老骨头硬实着呢，年轻时我是运动员，身体好，按辈分来说，刘翔还是我师弟呢。你俩接着练吧，下次可千万别再瞄准了。"

后座的舒颖听到他俩聊到这里，本来阴云遍布的俏脸上露出了一丝笑容，忍不住问道："雨竹你以后骑车再没出过事儿吧？"

竹子脸一红，小灵通说："拉倒吧，刚撞完老大爷，她就不敢再练了，赶紧往家里骑。一看她就吓得不轻，骑得慌慌张张的，还越骑越快，刚一转弯，我就看不见她了。"

"雨竹骑这么快啊，你到家了？"舒颖问道。

"哪儿啊，我掉沟里了。"竹子的脸臊得跟块红布似的。

仨人正欢声笑语，眼看过一个路口就是学校了，这时小灵通看到一位交警叔叔向他敬了个礼，忽然想起件事情来，心说坏了。

检察官提示

骑自行车能否载人？相信很多小读者们有过这个困惑，而且你们一定有过这个困惑——要是骑车不允许带人，为什么自行车设计两个人的座位啊？

其实，我国以前出于交通安全的考虑，是严禁骑自行车载人的，但是考虑到群众的出行需求，这一规定近年来有所放宽。因此骑自行车能否载人，应该看当地的具体规定，不能一概而论。就本章而言，如果按照北京市的规定，**小灵通是未成年人，骑自行车当然不能载人。**

整个上午，小灵通都是一副无精打采的模样，闷闷不乐，门墩儿故意找茬跟他斗嘴，他不过随便应付了几句就败下阵来，搞得门墩儿丈二和尚摸不着头脑。竹子拉过门墩儿，把小灵通今天早上被交警罚款的事儿一说，门墩儿才恍然大悟："五十块钱？我们好几天的零花钱呢。这家伙跟他妈一样抠门，不得心疼得肠子都青了？"

竹子说："你没看他当时的样子，好像不当一回事。舒颖挺不好意思的，说要不是因为她，勇凌不会被交警罚款，想自己掏这个钱。勇凌一拍胸脯，特慷慨激昂，'一人做事一人当，你身体还虚弱，这钱你留着补充营养吧'，结果你看现在……"

小灵通在课桌旁木呆呆地坐着，脑袋耷拉着，跟斗败了的公鸡似的。

"哎，不对，竹子你别光说小灵通，你没看见那边格格好像也有点不大对劲吗？"门墩儿拿手一指格格，那样子，跟小灵通差不了多少。

"是啊，格格是有点失魂落魄的样儿，连你孟家栋都能看出来，确实很明显了。"

"哎，竹子，啥叫'连我都能看出来'啊？算了，甭想那么多了，你们女孩子家，总莫名其妙的有烦心事，没准她今天早上也被交警罚款了呢。还是关注下舒颖那事吧，还有，今天下午可要帮我'抓贼'哦。"

舒颖的事情，班主任已经和学校汇报了，还在等校领导商议的结果。班级其他同学基本上都知道了这件事情，愤慨之余，纷纷向舒颖表达了同情与问候，好多同学还鼓励舒颖千万别想不开，老师同学永远支持她，和她站在一起。舒颖感动得一会儿哭一会儿笑。

中午下课了，小灵通收拾课本，突然发现里面夹了五十块钱，还有一张纸条，上面有两个人的笔迹：

"勇凌，这是我和孟家栋借你的哦，要还的，嘻嘻。"竹子娟秀的字迹跃然纸上。

"哎，甭跟我俩客气啊，啥时候还都成。不过要是敢这周就还，小心我揍你。"门墩儿的字迹照例七扭八歪。

　　小灵通的心坎像被什么东西撞了一下，暖暖的。

　　"嘿，别说，这杯夏日特饮晶莹剔透，一看就凉爽可口。这么着，我请你们二位喝一杯，怎么样？"门墩儿捧着那杯凉白开，挑衅似的看着杨松涛和庄强。

　　杨松涛一脸镇定，眼也不眨地直视着门墩儿，但庄强脸上变了色，结巴地说道："不……不用客气，我自己晾……晾了一杯。"

　　"那怎么成，你那杯刚晾上，还热着呢。我请你喝，你不喝，别怪我灌你了。"门墩儿半开玩笑似的上前一步，庄强一屁股坐在床上，"你……你敢……"

　　小灵通把这杯凉白开接过来，倒进了一个密封的容器，竹子则把门墩儿床脚一个隐藏很好的摄像头取下来，它连着一台微型的 DV，藏在门墩儿床脚那一大堆乱八七糟的衣服里面。

"你俩不喝没关系，我们去请班主任看看就是了。"小灵通淡淡地说。

庄强瘫倒在床上，满脸都是哀求的神色。杨松涛却一拍桌子站起来。"孟家栋！我们俩已经忍你很久了。你以为你家是本地的，人缘又好，就可以随便欺负我们这些外地学生吗？告诉你，芒硝是我放的，跟庄强无关，要开除就开除我一个人好了。不过我警告你，你要是下次还敢无视室友的利益，恐怕你杯子里面放的就不是芒硝了！"

"哟，还挺义正辞严的啊。孟家栋他在生活方面确实有些地方很不注意，也影响了你们的生活，但是有话不能好好说吗？就算他不讲理还有学校管着他呢。背后给人水杯里面下药，这种下作的事儿是男人做的吗？"小灵通气愤地说，"至于学校怎么处理，我们说了也不算，但是这事我们不能不报告给班主任。门墩儿、竹子，把证据拿好，我们走！"

检察官提示

前面我们向各位小读者介绍了宿舍集体生活的注意事项，在这里我们再和大家聊聊如何与舍友更好地相处。

第一，与舍友统一作息。 一个宿舍几个人在一起生活，只有大家协调一致、共同遵守作息时间，才能减少争执，消除摩擦，维持正常的生活秩序。倘若实在有事，早起或者晚睡的成员也应尽量减少声响和灯光对舍友们的影响。

第二，不搞"小团体"。 在宿舍，应当以平等的态度对待每一个人，厚此薄彼容易引起宿舍其他成员的不悦，这样就不利于建立和谐的宿舍关系。

第三，不触犯舍友的隐私。 每个人都有自己的秘密，也有足够的好奇心。对于舍友的隐私，我们不要想方设法去探求。尤为注意的是，未经得舍友同意，切不可擅自乱翻其东西。另外，如果不经意知道舍友的某些隐私，我们也要守口如瓶，泄露出去不仅是对舍友的不尊重，也是不道德的。

第四，积极参加宿舍集体活动。宿舍的活动不单纯是一个活动，更是舍友之间联络感情的重要形式，所以我们应该积极参与配合。如果确实不能参加，可以把自己的想法和意见提出来，不要勉强参与反倒让舍友觉得你在应付了事，更不要一口回绝而伤了舍友们的兴致。

第五，别人有难要帮，自己有事也要求。良好的人际关系是以互相帮助为前提的。当舍友遇到困难，我们应当主动伸出援助之手，当我们有事时，是否宜向舍友求助呢？答案是肯定的。因为有时求助反而能表明你对别人的信任，能够融洽关系，加深感情。

班主任听说这件事，再次大吃一惊，舒颖的事儿就够闹心了，门墩儿这事也是学校破题第一遭。她立即找来两个肇事学生谈话。

正如小灵通他们所猜想的那样，门墩儿在很多生活习惯方面的不注意，让这两位同学深恶痛绝，但是两个人不愿意或者说不敢与门墩儿当面沟通，于是采取了这种见不得光的龌龊手段。但是还有一点他们没有想到的，就是这两位同学来自外地，多少有一些自卑心理，看到门墩儿为人热心，人缘好，朋友多，这个嫉妒的因素，也是让两个人向门墩儿伸出黑手的原因之一。

杨松涛他们家是中医世家，世代行医，他从小耳濡目染，对各种中药的药性了如指掌。因此对芒硝的分量掌握得分毫不差，既让门墩儿吃足了苦头，又不至于对他造成大的损害。而且因为芒硝口感极苦，他还往水里添了另外一种东西，也是常见的中药，足以中和芒硝的苦味。

"难怪我从没发觉水里有苦味呢，我还以为我跟猪八戒吃人参果一样呢。"门墩儿感叹。

"杨松涛这人心思缜密，手段隐蔽，更要命的是内心阴暗，我可不喜欢这样的人。"竹子一脸鄙夷。

"可不是，我听广播说，杨松涛刚来咱们学校那会，闲暇时间喜欢和同学们下象棋，别说，下得还不错，少有敌手。但是有同学推荐他跟咱们学校看大门的张爷爷下，他就不行了，连输了好几盘。结果你俩猜怎么着？他第二天拿了手机过去，上面有个象棋游戏，他把难度调到最高，张爷爷走一步，他就在上面走一步，然后按程序的应对手法学着走。张爷爷纵然是老棋迷，但是水平跟最高难度的程序显然没法比，一顿狂输。后来还跟广播说：'你们宿舍小杨同学真厉害，一边玩手机一边跟我老头子下棋，这都能赢我，太厉害了。'"小灵通耸耸肩，讲了一段杨松涛同学的"黑历史"。

"这也行？下个棋都玩这种手段？这真是算计到一定境界了。"门墩儿和竹子对望一眼。

"说实话，我以后念大学和参加工作，可真不希望身边有这样的同学和同事，太可怕了。"小灵通有点感慨。

杨松涛和庄强的处理结果很快就出来了，念两人是初犯，加上门墩儿也有一定过错在先，一人一个严重警告处分（不记入档案，不影响两个人的学业，学校也算宽大处理了）。为了避免矛盾进一步激化，门墩儿被调到了隔壁小灵通宿舍。

　　至于舒颖的遭遇，学校的意见是严肃处理肇事学生，绝不姑息纵容，于是把参与殴打舒颖的所有女生立即开除出校，并报警处理。由于舒颖的伤势并没有达到轻伤的标准，"大姐大"和几个带头出手的女生被派出所处以治安拘留处罚。用派出所所长的话说，这样顽劣不堪的学生，不吃点苦头，是不会有所悔悟的，因此"大姐大"被拘留十天，其他人五天——这位派出所所长就是叔叔，师大附中正好在他的辖区。

　　消息传来，同学们一片欢腾，纷纷向舒颖表示祝贺，舒颖连日愁眉不展的脸上终于绽放了笑容，平时被"大姐大"她们欺负的其他一些女生也欢欣鼓舞。

　　竹子和舒颖相处了这几天，两个女孩也成了朋友，舒颖写了个申请，就留在了她们宿舍。

转眼又到了周五放学，竹子让小灵通和门墩儿先走，自己还有点问题要和任课老师请教下。等从办公室出来，教学楼里面已经没什么人了。竹子正收拾书包，这时有人悄悄地拉了拉竹子的衣袖，竹子回头一看，居然是格格。只见她愁容满面，一副魂不守舍的样子，眼中噙的满是泪水。

看左右无人，格格趴竹子耳朵边上说了一句话，简简单单的几个字，对竹子来说仿佛是晴天霹雳。

第八章

竹子的险境

第二天早上，医院。

竹子和格格分别戴个大口罩，呆呆地在化验室那里排队。两个人都不说话，格格一副心事重重的样子，竹子戴着口罩，面目看不清楚，但是耳根子都红透了。

轮到格格抽血了，负责抽血的护士一看化验单上的项目，一脸鄙夷，"小小年纪就……"她摇摇头，没继续说下去。格格低着头，眼泪一滴一滴地洒落在化验台上。

抽完血，竹子把格格送回学校宿舍，望着心乱如麻的格格，她也不知道该劝慰什么好，只是说：

"我明天还过来看你，咱俩一起去取化验结果。放心，不管出了什么事，我都会陪在你身边。"格格紧紧抓住竹子的手，哭得一句话也说不出来。

竹子走出校门，精神有点恍惚，今天她没骑车，于是向公交车站走去。走着走着，竹子发现自己竟然走错了路，她摇头苦笑，一方面是自己关心则乱，另一方面，格格这事，对于竹子一个高二女生来说，未免也太过沉重，可是这种事情还没法跟家长说，跟小灵通、门墩儿他们更不能说。

"哎哟"一声，竹子的思绪被拉回现实，在她前面不远的地方，有个孕妇摔倒在地，捂着肚子，一脸痛苦的表情。

竹子赶紧飞奔过去，把她扶起来。孕妇满脸都是感激的笑容，却掩藏不住痛苦的神色。

竹子关心地问是不是摔到哪里了？要不要去医院看看？孕妇摇摇头说："谢谢你，小妹妹，都怪我自己不小心。我肚子没事儿，就是腿有点疼，走路不方便，我家就在前面拐弯的平房那里，麻烦你能不能把我送回家去？"

竹子点点头，反正也没有几步路，她搀扶着孕妇，一步步往她家里走去。

孕妇的丈夫也在家，一开门看到自己的妻子这个样子，吃了一惊，赶紧过来扶住妻子，连声向竹子道谢。竹子红着脸说不用客气，转身就要离去。

这时，孕妇说："今天要不是小妹妹，我还不知道要在马路边坐多久呢，这么热心的女孩子可不多见，来来来，到我们家里坐坐。"她伸手拉住了竹子的小手，她丈夫也在旁边盛情相邀。

检察官提示

古人云："害人之心不可有，防人之心不可无。"助人为乐是一种非常优秀的道德品质，但是任何时候请切记，**即使是助人为乐，也要以保障自己的人身安全为前提**。社会不仅需要做好人好事的事迹，同时也需要一直做好事的人，"人"才是社会最宝贵的资源。有时，我们的确是在表现自己的善良，可难免会有一些坏人利用这份善良而对我们造成伤害。

希望各位小读者，在今后不断长大的日子里，能够拥有一颗善良且理智冷静的心。

以本章竹子的遭遇为例，她搀扶起孕妇并送其回家，这样的善举没有任何问题，但是接下来她进入陌生人的家里还喝下来历不明的饮料，说明她确实缺乏相应的自我保护意识。

竹子推辞不过，就走进他们家，在客厅坐了下来。她四下一打量，很显然这是夫妻二人租住的房子，听他们的口音也都是外地口音，不过看两个人相貌憨厚，竹子也没觉得有什么不对。

孕妇热情地拿来酸奶请竹子喝，竹子盛情难却，只好喝了几口，感觉味道怪怪的，心想肯定是这对夫妻家庭条件不太好，买了酸奶也舍不得喝，放的都快过期了。又和孕妇聊了几句，她起身告辞。

刚刚站起身来，竹子就觉得一阵天旋地转，她抬手捂住自己的额头，身体却不由自主地向后面倒下去。竹子感到自己被一个男人的手臂托住了，一阵急促的呼吸声在她的耳边响起。蒙蒙眬眬中，竹子看到孕妇走过去插上了房子的大门。

"孩子他爸，今天我给你找来了这个小妞，你满意了之后，以后可不许再打我。"孕妇面带谄媚地对她丈夫说。孕妇的丈夫"嘿嘿"一笑，弯腰把竹子抱了起来。

竹子大惊，拼命想挣扎，可是手脚却软绵绵地没有一丁点力气。孕妇的丈夫把竹子抱到后面的卧室，往床上一扔。竹子用尽全身力气苦苦哀求道：

"大哥大嫂，我好心把大嫂扶回家里来，你们怎么能这样对我？"

"小妹妹，别怪我狠心，这是你自己命不好。孩子他爸，一会儿完事了，把这小妞'处理'掉，她就是旁边学校的学生，我可不想去坐牢。"孕妇冷冷地说。在竹子越来越模糊的视线里，她面孔狰狞如地狱走来的恶魔。

孕妇丈夫一脸不耐烦地说知道了，看着孕妇悻悻地走出卧室，他一声狞笑，一双黑手向竹子伸过来。

竹子只觉得知觉离自己逐渐远去，眼前渐渐地黑沉沉一片，爸爸妈妈，现在你们在哪里？怎么还不来救我？还有……勇凌……

"唉，真没想到，关兴居然染上了毒瘾，这辈子不就毁啦！"门墩儿感叹道。

"下星期见了格格，应该跟她商量商量，咱们班下期宣传活动应该好好宣传下毒品的危害。咱们这岁数，正是好奇的年龄，但是毒品这东西，可万万沾不得啊。"小灵通说。

到了高中，格格依旧是班长，这姑娘从小学时起一直就是班长，天生有领导才能。当然，现在她正陷于苦闷之中，小灵通他俩还不知情。

"对了，师父不会认错人了吧？"门墩儿还有点不太相信。

"叔叔那眼神你还不清楚？跟老鹰似的，你自己去问问不就明白了。"小灵通对门墩儿不信任叔叔深表不满。

原来，叔叔上周去戒毒所复查（虽然他的毒瘾已经彻底戒了，但是还需要定期复查），戒毒所的大夫对这位英模非常尊重，给他仔仔细细检查了一遍，说没有任何问题。闲聊中，叔叔顺手翻开了新来的戒毒人员的名册，一个熟悉的名字映入他的眼帘——关兴，旁边的照片明白无误地告诉叔叔，这位就是小灵通的初中同班同学。

关兴在初中那次受伤重返校园后，①跟铁三角、格格、芈浩然他们倒也井水不犯河水。初中毕业后，他那可怜的成绩不足以让他进入任何一所高中继续读书，但是他家财大气粗，他就被送到美国念书去了。

要命的是，关兴到了美国之后，根本就是鱼入大海，摆脱了父母十几年的管束，彻底自由了。他心思一点儿没放在学习上，从出入夜店、吸大麻开始，逐渐染上了毒瘾。假期也不回家，以功课忙、收费高为借口向家里频繁要钱，数额越来越大。

他爸爸隐隐约约觉得不对，但是生意太忙，直到前段时间才抽空去了趟美国，关兴表面上应付得居然还不错，让他爸爸没有看出啥破绽。但是他爸爸何等精明，既然明着查不出什么，于是假装回国，在那里潜伏了几天，终于在一个夜店把正在注

---

① 详见本系列丛书《我们班的"棋王"》。

射毒品的关兴抓了个正着。

　　他爸爸追悔莫及，事已至此，只能亡羊补牢，给他办理了退学手续，押着他回国接受戒毒治疗。

检察官提示

　　关于毒品的危害，无数的媒体通过各种方式一直在进行宣传，各位小读者可以很容易地获得关于毒品危害的种种资料。本系列丛书中，也不厌其烦地详尽描述了毒品成瘾的原理和毒瘾无法根除的原因。血淋淋的案例和教训实在是太多太多，在这里，我们只强调一句话：永远不要沾任何毒品！永远！

　　"我还真奇了怪了，这毒品有啥啊？怎么那么一点儿就能让人上瘾？师父意志那么坚强，坚强到变态的地步，还戒了整整一年。"门墩儿仍有疑问。于是小灵通给他讲了从叔叔那里学来的跟毒品有关的知识。

原来，毒品能否上瘾与它的吸入方式密切相关。例如鸦片，是公认的毒品。但是鸦片在人类历史中已经有好几千年了，一直都是作为良药存在的，之前没有任何文献说它是毒品。关键是，以前的鸦片都是只能吃的。吃到嘴里的鸦片，在人的胃肠里是慢慢吸收的，鸦片在血液里的浓度低，而且很平均。这时的鸦片其药用功能占主导，较难让人上瘾。即使有轻微上瘾，也很容易戒掉。

但是，自从欧洲人发现新大陆，从印第安人那里学会了抽烟后，鸦片就成了名副其实的毒品——它由呼吸道经肺部的吸收速度要比经肠胃消化道吸收的速度快上两个数量级以上。人抽第一口鸦片后，只需20秒左右的时间，其中的神经活性物质就开始作用到脑神经上了。正是因为吸收的速度快，在血液中形成的瞬时浓度也高，对脑神经的冲击力度也大很多，形成的快感就要强很多。这样吸鸦片烟就会造成严重的上瘾症状，戒除也要难很多。

通过吸食的毒品上瘾还是可以戒除的，虽然很艰难，但是戒掉鸦片烟的人很多。如果吸毒的人更进一步，开始了通过血液注射方式吸毒，那么很遗憾，现在的科技水平对他们就没有办法了。因为通过静脉注射方式的吸毒，仅经过5秒左右就可以作用到脑神经，而且瞬间的毒品血液浓度远远超过平均致死浓度。其对脑神经的冲击是极其强烈的，没有任何自然的快感、羞耻感、罪恶感、痛感能与之抗衡，这就是所谓的心理成瘾的根本原因。一经染上，可以说是无药可治，一针上瘾，终身难脱。

生理上的戒毒相对容易，一般一周左右，最快3天可以完成。届时，病人不吸毒也不会产生身体的不适，可以正常生活。但是，比起生理戒毒，更加艰难的是心理戒毒，目前几乎没有特效疗法。特别是那些静脉注射毒品的患者，全世界范围内能最后成功戒除海洛因、可卡因、吗啡静脉注射上瘾的人，每年屈指可数。

"你的意思不会是说，关兴他……"门墩儿黯然神伤。小灵通也是神情黯然，他不想再谈这个残酷的话题，于是岔开道："对了，今天我来你这，本来打算一起叫上竹子的，没想到她去医院了，昨天看她还好好的呢，不知道她现在回家没有？"

竹子悠悠醒转，她模糊的视线往四下里看，发现自己还躺在那张床上，但是身上衣服都好好的，她多少松了口气，再看孕妇被要求坐到墙边的椅子上，她丈夫戴着手铐蹲在卧室墙角边，两名警察站在屋里，其中一位，竟然是叔叔。

看到叔叔，竹子的眼泪大颗大颗地流下来。

　　叔叔过来小声安慰着竹子，说："你真是运气好，要不是芈汉杰，后果不堪设想。"

　　这时竹子才注意到站在床头拿着水杯的那个男孩，她强自撑起身来，颤颤巍巍地走到芈汉杰面前，用尽浑身力气，抡圆了胳膊，打了芈汉杰一个响亮的耳光。

第九章

离家出走

芈汉杰这几天有点心神不定，前天在外地比赛，居然输给了一个初出茅庐的新秀，把新秀给高兴的啊，居然赢了世界冠军。教练看着芈汉杰也是一头雾水。

芈汉杰心神不定的原因也很简单，上周他给格格打过一次电话，结果只听到格格嘤嘤的哭声，问她到底怎么了也不说，自己在外地准备比赛，也没法回去问个究竟。今天一下飞机，他就直接奔向师大附中，他知道格格这段时间住学校宿舍。

结果刚到校门口，他就看到了神情恍惚的竹子，他心说竹子跟格格是闺蜜，要不先跟她打探打探情况，不打无把握之仗嘛。结果正要跟竹子打招呼，就见竹子扶起了那位孕妇。

半汉杰心说等竹子出来再说吧，结果等了半天，也不见竹子从那间平房出来，更要命的是他听到了平房大门被插上的声音。他虽说社会经验也不是很丰富，但是起码比单纯善良的高二学生多得多。当时心里一沉，心说竹子会不会出事了，他立即拿出了手机。

叔叔当时正领着一位新入职的警察小李在附近巡逻，熟悉地形和警情。小李发现这位所长，传说中的英雄，居然一点架子都没有，他一开始管叔叔喊"马所"，结果叔叔不爱听，说不是正式场合，要不叫"老马"，要不叫"马哥"，"马所"不太好听。这得亏是个所长，要是我当了总统，你们还不得叫我"马统"啊？一句话说得小李作为新人的紧张感顿时减少了许多。

接到110报警任务，叔叔两人迅速赶到了只隔一条街的现场，一看是这间平房，又听半汉杰说竹子在里面，叔叔的脸色立马变了。

　　在孕妇不情不愿地打开门后，叔叔让小李把她控制住，然后冲进了卧室。孕妇的丈夫正一脸狞笑地伸手去解竹子的衣扣，被叔叔飞起一脚踢在后膝，不由自主地"咕咚"一声单膝跪地，"当"，脑袋在床边磕了个大包。

　　小李和半汉杰冲进来，叔叔已经"咔"的一声给孕妇的丈夫上了背铐，用力一捏，铐子陷入肉里半寸多深。疼得这家伙连声哀叫，不住地求饶。

　　小李和半汉杰只当作没看见，心说活该。

　　原来这两口子在叔叔的派出所是挂过号的，妻子素来行为不端，多次出轨，丈夫则多次对她实施家庭暴力，打得她死去活来。叔叔所里的警察上门调解已经不是一次两次了，但是这两口子的情况，让警察也确实不好调解。直到有一回，妻子（那时已经怀孕了）居然当着警察的面说："老公我对不起你，我以后一定找个黄花闺女补偿你。"被警察狠狠批评了一顿后再也不敢胡说，但是叔叔却把这事记下了。

　　果然，这个孕妇今天实施了她罪恶的计划，多亏了芈汉杰，否则后果将不堪设想。想到这里，叔叔狠狠地瞪了这个蛇蝎心肠的女人一眼，训斥道："你这干的是人事吗？人家小姑娘好心送你回家，你却把人家往火坑里推。你肚子里还怀着孩子呢，你怎么不为你没出世的孩子想一想？！用禽兽来形容你们夫妻，简直侮辱了禽兽！"转头把她丈夫的手铐又紧了几分。

　　孕妇给竹子的酸奶里面显然掺了迷药，芈汉杰拿了杯冷水泼在竹子的脸上，果然，竹子一声呻吟，醒了过来。

　　"啪"，叔叔和小李被这一巴掌给吓得一激灵，一看芈汉杰脸上五个红红的手指印都浮出来了。叔叔说："竹子啊，你还迷糊着呢吧？欺负你的人在那边蹲着呢，你打的是芈汉杰。"

　　"芈汉杰，你是我的救命恩人，我自然会报答。这一巴掌，是替格格打的。你还是不是个男人？！"竹子情绪激动。

芈汉杰丈二和尚摸不着头脑，心说幸亏你刚醒，浑身没劲儿，要不然这一巴掌下来，我后槽牙基本上就交待了。饶是如此，他也感觉嘴里腥腥的，原来牙把嘴里的黏膜硌破出血了。

竹子说："现在有警察叔叔在场，我不跟你说，一会儿你来我家找我。"说完，她再也支撑不住，晕倒在叔叔的怀里。

医院，抢救室外。

小灵通、门墩儿、面颊红肿的芈汉杰和眼睛哭得像核桃一样的格格守候在这里，满脸焦急。旁边是安叔叔和赵阿姨，赵阿姨在不断地擦眼泪，安叔叔一直在低声安慰她。

医生推门走了出来，大家一起围了过去。医生说竹子没有大碍，只是过度惊吓，目前精神状况不是很稳定，需要回家静养一段时间。在这个过程中千万别再刺激她，最好能找个心理医生做一下心理辅导。

大伙儿簇拥着神智还不大清醒的竹子回家，格格和芈汉杰则留了下来。小灵通远远地回头，看到芈汉杰递给格格一张纸，俩人脸红红地小声说着些什么。

格格和竹子，以及格格和芈汉杰之间的这个秘密，小灵通始终也无缘得知。不过这件事也没什么神秘的，说到底就是一个误会，只不过对于这些少男少女来说有点不知所措而已。

故事还要从昨天下午放学后格格和竹子的耳语说起。格格仅仅说了六个字，但是竹子的耳边仿佛响起了一个炸雷，因为格格说："我好像怀孕了。"

竹子面红耳赤、张口结舌，"你……你……"突然竹子猛一踩脚，用双手死死捂住耳朵，别过身去，

满含嗔怪地说："别瞎说，好端端的你说这个干吗
啊？"

格格泫然而泣，用手可怜兮兮地拉着竹子的衣
角，哭得梨花带雨："我……我没法跟别人说，只
能跟你……"

竹子渐渐地平静了下来，回过身来，轻轻地抱
住了格格，格格趴在竹子怀里放声大哭，听得竹子
心酸不已。这么多年了，她还是第一次看见这个坚
强的女孩哭成这个样子。

原来格格的妈妈在她高一时再次组建了家庭，
可能是因为格格的妈妈性格过于强势，加上格格的
继父眼里也不揉沙子，两人再婚后没多久，居然又
陷入了无止境的争吵，即使是格格在家住的时候两
人也不能控制自己的火气。格格对此也是十分无
奈，毕竟自己年纪还小，对成年人的精神世界不是
那么了解，也没法劝解。

大概两个月前，格格周末回到家里，本来一家
人一周没见，应该倍加珍惜这短暂的共处时光。结

果都快 11 点了，两位家长又一次吵得是火星撞地球。格格满脸的无奈，家里墙壁隔音效果不怎么好，被吵得实在是看不下书去，只得走出卧室去劝架。气头上的母亲本打算拿起花瓶吓唬继父一下，一不小心竟砸到了刚出门打算劝架的格格。

格格崩溃了，与妈妈争论一番，但转念想到妈妈含辛茹苦抚养她长大，不能过度伤害妈妈，索性夺门而出。

……

一阵寒风吹过，走在空无一人的大街上，胡思乱想的格格打了个寒颤，猛然发现周边环境一片陌生，而且手机、钱包都没带，没有地方住宿，万一附近有坏人怎么办？想到这里，她心里一阵惊慌，绊了一下，一个趔趄差点摔倒在地，眼泪情不自禁地流了下来。

不过格格猛然间破涕为笑，因为她看到前面不远的那个大院牌匾上赫然写着"中国棋院"。她知道毕汉杰近来为了钻研棋艺，即使是周末都在棋院宿舍住。

　　睡眼惺忪的芈汉杰被格格披头散发的样子吓了一大跳，睡意顿时全无。格格哭个不停，把自己的伤心事都说给了芈汉杰听，芈汉杰一边听着她的倾诉，一边慢慢地开导、安慰她。本来芈汉杰想立即把格格送回家，可是格格心中怨怼尚在，加上实在是太晚了，于是芈汉杰就将自己的床让给了格格，又悄悄地给格格的妈妈打了电话，报了平安。直到天色将明，格格才沉沉睡去。

　　第二天，芈汉杰把格格送回家，格格的妈妈在向芈汉杰道谢后，连忙向格格道歉，保证以后控制自己的脾气，不与继父无休止地争吵，给格格营造一个良好的家庭氛围。格格与妈妈哭着抱在一起，继父站在一旁也有些羞愧。

第十章

乌龙事件

格格边哭边回忆这段让她难过的经历，竹子也跟着掉了不少眼泪。

最后，格格跟竹子说，平时学习紧张，自己还没怎么在意，直到前几天，她简单算了一下，自己居然整整两个月没有来例假了。想到自己之前在半汉杰那里待了半夜，格格就心慌了。

"呜呜呜，我实在是没脸见人了，这几天我都快疯掉了。竹子，你不要不管我好不好。"面对格格的哀求，竹子也是心乱如麻，再加上女孩本能的羞怯，以至于一直到第二天也就是周六早上，竹子陪着格格去医院化验血结束，这两个单纯的女孩都没有发现哪里不对。

但是芈汉杰发现了，他摸摸自己的左脸，心说这一巴掌挨得是真冤呐，竹子显然是误会他了。看大家走远了，他把刚取的化验单递给了格格，哭笑不得地说道："格格大人啊，别瞎想了，你啥事也没有，这不，化验单上一切正常。"

格格面露喜色，"真的耶，我没事"。

"我的小姑奶奶，我……我啥也没干呢，能有啥事啊？"看着格格疑惑的眼神，芈汉杰不由得有些抓狂，"唉，这种事该怎么向你解释呢？咱俩之间什么也没发生……"

格格说："不对啊，电视上演的都是男生女生住在一起，之后女孩就会怀孕了啊。我在你那住了半个晚上呢。"

芈汉杰差点去挠墙："问题是，那天晚上我在椅子上睡的啊。唉，咱们初三上生理卫生课，有一章男生女生是分开上的，你们老师怎么跟你们讲的啊？"

格格说："老师根本没讲，让我们自学，结果我啥都没看懂。"

"啊……"芈汉杰发出了一声郁闷的惨叫。

检察官提示

基于中国偏向于保守的社会现状，绝大多数父母不会主动跟孩子谈论关于性的话题，而学校里的老师又觉得话题尴尬不好把握尺度也干脆避而不谈。其实不然，对相对成熟的高中生进行性教育是必要的，正确知识的传输需要教育界有所行动，需要全社会共同关心。**有效的性教育不仅仅只是传授一些基本的生理卫生知识，更是站在长远的角度探讨婚恋的启蒙教育，通过向学生灌输正确的家庭观念，让高中学生具备完整的、全面的、正确的个人责任和社会责任。**

性教育的缺失对学校的管理、社会的有序发展已经产生了严重的影响，在这里我们呼吁全社会共同正视这个问题。对于各位小读者，我们建议可以多阅读这方面的科普文章，还可以去正规公益组织的网站、公众号等，获取相关的科学知识。

格格身体确实没发生她自己想象中的问题，她也就释然了。可是为什么她很久没来例假了？芈汉杰说："你别看我，我可不是万事通，这医院到处是大夫呢……"

大夫给格格把完脉，微微一笑，问道："小姑娘，自己近来乱吃药了吧？"

格格瞪大了眼睛，解释道："大夫，你太神了，你怎么知道我近来吃药了呢？前段时间，我脸上长了好多痘痘，怎么用去痘产品都不成，后来我看到有些资料说长痘是因为身体火气大，有毒素，于是我吃了一个多月的牛黄解毒丸。您别说，效果挺好的，痘痘基本上都消失了。"

大夫沉下脸来，有些严肃地说："那你没发现自己的例假也消失了？"看着大夫严肃的面容，格格吐了吐舌头，没敢吱声。

各位小读者请记住，"是药三分毒"，任何药物，无论是非处方药还是处方药，都有一定的副作用。**若自己身体出了问题，有什么症状一定要第一时间去正规的医院寻求医生的帮助和指导，不要自己乱服用药物。**哪怕这药别人吃了有效，但是每个人体质、病情不一样。一定要听从医嘱，对症吃药，否则后悔莫及。毕竟这世界上唯一买不到的就是后悔药。

大夫严肃批评了格格胡乱吃药的行为，给她开了一些调理身体的中成药。格格和芈汉杰谢过大夫，就告辞了。后来竹子身体恢复后，还问起格格这件事，格格羞得满脸通红，吞吞吐吐地跟竹子说了这起乌龙事件，竹子也觉得挺不好意思的，特别是芈汉杰还无缘无故地挨了自己一巴掌。

　　竹子这次受惊不小，在家休息了差不多半个月才把身体恢复好。一开始竹子根本没法入睡，一睡着就不断做噩梦，然后从满身冷汗中惊醒，周而复始，每天晚上都要赵阿姨陪着她睡。直到心理医生开始给她做心理治疗，才有所好转。

　　结果有一天竹子仍然出了事，晚上赵阿姨喊她吃饭，才发现她不知道什么时候从家里溜了出去。赵阿姨想到竹子精神恍惚的样子，差点急疯了，赶紧报警，小灵通、门墩儿等一干好朋友得到消息后，在家长的陪同下也是分散开来寻找，一直找到将近后半夜也没有消息。还是小灵通机灵，提醒叔叔查查派出所联网的各个旅馆的入住登记记录，看看有没有用竹子的身份证号码登记过，果然在离小区没多远的一个小旅馆里找到了昏睡的竹子。

　　看到竹子安然无恙，大伙儿都松了一口气。叔叔皱了皱眉头，向旅馆老板询问了情况。旅馆老板说是个好心的女孩背着晕倒的竹子到了这里，付了一晚的房费，还照看了竹子一段时间，很晚了才离开，并告诉他说竹子已经睡了，如果第二天竹子仍然神志不清的话请帮忙报警。

小灵通在一旁很是感动，说这世上还是好人多。叔叔点了点头，又问那个女孩有没有留下什么联系方式，安家家长也想向她当面表示感谢。旅馆老板笑笑说这位女孩看来是学习雷锋，做好事不留名。

经历了这次风波后，竹子似乎感受到各方的善意，精神逐渐稳定，身体也恢复得很快。在竹子身体恢复了一些，能够正常睡眠之后，小灵通当仁不让地开始负责给竹子补课，一个讲得用心，一个听得专心，竹子的功课没有落下，期末考试只是退步了几名而已。

时间飞逝，转眼间暑假就到了。

不过这个暑假可没什么好说的，因为小灵通他们开学就是高三了，人生中最紧张的学习阶段到了。因此他们暑假仅仅放了半个多月，稍做调整，就即将投入热火朝天的暑假强化班的学习中。成绩好的同学借此机会巩固知识点，成绩不太理想的同学也要加把劲儿赶紧追上来。

结果就在暑假班开课的前一天，班级微信群、QQ群、学校贴吧都出现了一条爆炸性消息：郁校长被抓了，暑假班推迟开学。

有句话说"有图有真相"，这不，这条爆炸性消息还配了张图，是一张电视节目的视频截图，画面中间是戴着手铐、面目模糊、两鬓斑白的中年男子，配的文字是说某位重点中学校长因为受贿被抓。截图旁边是一张半身像，赫然竟是师大附中的郁校长，乍一看，那名中年男子跟郁校长长得挺像，不过仔细一看——更像了。

小灵通和门墩儿正陪竹子散步呢，仨人看到这消息，"咔嗒"一声，下巴差点掉地上。门墩儿说郁校长真的叫人给抓了？我看这人长得确实挺像郁校长的。

"要不说你这人说话从来不经过大脑呢，郁校长在咱们学校那是一贯德高望重。再说咱们都知道他儿子身体不太好，这些年他一边忙工作抓咱们的升学率，一边四处张罗给儿子治病，简直操碎了心。这么一位好校长，你觉得可能会受贿吗？"小灵通嗤之以鼻。

门墩儿说两个人长得确实挺像啊。

小灵通说："长得像的人多了去了，你长得还像你爸呢。"

门墩儿正要回嘴说你这不是抬杠嘛，竹子一扬手里的手机，解围道："你俩怎么跟斗鸡似的，见面就掐啊？这回勇凌说对了，我刚才在视频网站上查了这个原始视频，抓人的画面旁边没有这张半身像，很明显是PS上去的，咱们可不能轻易相信谣言啊。"

检察官提示

网络已成为我们生活中必不可少的交流、学习与工作的工具，它在给人们带来便利、创造价值、提高效率、提供快乐的同时，也成了一些别有用心的人，甚至是不法分子传播谣言，散布小道消息，宣扬封建迷信、色情、暴力等信息的场所。

如何甄别什么是网络谣言，如何做到正确防范？**首先，要认识到谣言无处不在，并做好心理准备，及时识破；其次，对于信息出处一定要留意，尽量选择官方渠道的信息，关注政府网站及主流媒体消息，不要盲从盲信；最后，要加强科学知识的学习，提升自身的谣言鉴别能力。**那些脱离事实依据、不符合常理的谣言往往经不起推敲和质疑。对于真正困扰自己的谣言，可以向专业的部门寻求帮助，比如健康保健类的谣言就可以咨询医院的医生；遇到图片类的内容，可以利用现在的搜索引擎进行图片查找，判断是否是假图。要记住，**如果自己无法判断事物的真**

假时，不要急着评论和传播，不要让自己成为不法行为中的一环。

麻烦的是，谣言比真相跑得遥遥领先多了，虽说"谣言止于智者"，但问题是很多人不能分辨真假。这不，正在返程路上的郁校长接到一个朋友的电话。

"哎，电话能打通啊？你在'里面'条件还挺不错嘛。"朋友吞吞吐吐地说。

"什么'里面'？"郁校长满头雾水。

"你不是被抓了，关拘留所了吗？"

"胡说八道！你听谁瞎说的啊？"

看到朋友给自己转发过来的那张图片，得，郁校长变郁闷校长了。

第二天，学校暑假强化班的动员会如期举行，郁校长出席并讲话，鼓励大家用功学习，谣言不攻自破。动员会结束后，郁校长向市教育局汇报了此事，并向派出所报了案。

"你猜怎么着？敢情是你们高二一男生不喜欢假期这么早就开学，结果恶搞了一把你们校长，想推迟几天开学。"晚自习上课前，铁三角出来乘凉，叔叔正领着同事在学校附近执勤，跟他仨聊了会儿这个案子。

"这也行？"铁三角被雷得外焦里嫩。

"别看你们一个个长得个头挺高，还是一群孩子。这个消息一传开，你们学校一多半的老师、学生都听说这事了，最后连校外网络都波及了。结果这个男生上网一看，发现转帖的人很多，各种评论也很多，也开始害怕了。他赶紧把原帖删了，后来又重新发帖，声明校长被抓不是真的，还恳求各位网友不要再转发图片和评论，不过为时已晚，他已阻止不了这个谣言在网上迅速发酵了。"叔叔连连摇头。

"马叔叔，那这位同学是不是得被拘留几天啊？"竹子问道。

"那倒不会，毕竟没造成严重后果。我们很快查到是谁干的，但是你们校长亲自替他说情。他说，这个孩子平时表现比较本分，而且 17 岁的孩子很多事情还是需要师长去引导，不能犯了错误就一棍子打死。为了避免他心理压力太大，我们就不公开他名字了，而且郁校长还一再跟他妈妈交代，千万不要对他过度批评，让他自己好好反省就是。"叔叔回答道。

铁三角为郁校长的度量暗中直竖大拇指。

学习是紧张而枯燥的，不过同学们感觉日子过得非常充实，时间转瞬即逝。又是一个周一的早晨，在校门口，门墩儿喊住了小灵通。

"哎，今儿个可是七夕啊，咱中国人自己的情人节，今晚你跟竹子有安排吗？"

小灵通苦着一张脸，不耐烦地说："门墩儿，别人背后瞎编排我跟竹子也就算了，你可是我铁哥们，下次不许开这种玩笑啊。"

门墩儿不以为然，打趣道："今儿个竹子不在，我倒要说说你了，咱们同学哪个背后不说你跟竹子是天造一对、地设一双。都这么多年好朋友了，你俩真的没啥'更进一步'的想法？"

小灵通脸上一红，正想解释下。突然听见门墩儿的声音提高了八度："哎，我说今天怎么有点不对劲儿啊。平常每逢周一，你和竹子都是一起骑车来学校的啊，今天竹子去哪儿了？"

第十一章
王源与王千源

小灵通一脸黑线地看着门墩儿，说："我说你神经真是比电缆还粗。都跟我白话半天了，才发现竹子不在？"

　　门墩儿不好意思地挠挠后脑勺，"难道你俩……分手了？"

　　小灵通擂了门墩儿一拳，"去去，瞎咧咧啥呢？我俩清清白白，有啥分不分手的？我不过和她吵了一架而已。你眼睛甭瞪那么大，平常我是总让着她，偶尔她有点小脾气我也忍着她，不过就算是泥人也还有个土性呢。"

　　门墩儿说："你消消气，有啥不痛快跟我说说。"

"这不前段时间心理医生给她做心理治疗的时候，跟她说多听听音乐有利于心灵的平复嘛。这家伙，她以前从来不怎么听流行音乐的，现在简直跟换了一个人似的，玩儿命听。有一次我去给她补课，一进门就看她正听演唱会的现场版呢，那女歌手一开场自我介绍说：'大家好，我是范……范……范玮琪。'门墩儿你说这是啥年代？磕磕巴巴说话也能唱歌吗？"

"你可真是白瞎你的外号了。我说你从来不关注中国歌坛吗？这个女歌手叫范玮琪，昵称是'范范'。"门墩儿哭笑不得。小灵通的脸羞得快跟茄子一个色儿了。

门墩儿终于在小灵通面前扬眉吐气了一把，他狠狠白了小灵通一眼："你见过口齿不清的人去唱歌吗？"

小灵通兀自不服气，"怎么没有，不是有个歌手叫周杰棍嘛……"

"等等，打住。"门墩儿做了个暂停的手势，一脸郁闷地看着小灵通，"那这位歌手是不是有首代表作叫《双节伦》呐？"

"是啊。"

轰隆隆……门墩儿咬着后槽牙告诉小灵通这位叫周杰伦，歌名叫《双节棍》。

"管他叫啥，反正他口齿不清，我听《双节棍》还有《龙拳》，听了三遍，还以为是迈克尔·杰克逊唱的呢。"

门墩儿愣了一下，说："那人家后来唱《菊花台》《青花瓷》，不也挺口齿伶俐吗？"

"是啊，说明他舌头整过容了呗。"小灵通振振有词。

门墩儿痛苦地捂住了脸，心说斗嘴这事儿，自己还真不是这位发小的对手。

不过竹子这回跟小灵通闹别扭，还就是因为流行音乐的事。

"勇凌，我弄到了一张下周末演唱会的门票耶！TFBOYS要参加演出，作为一个'汤圆'，我的梦想就要实现了。"竹子满脸兴奋，叽里呱啦地对小灵通说。

"TFBOYS？什么意思？"小灵通一头雾水，没办法，他们家从来对流行乐坛不关注，有时听到同学们讨论这些，小灵通也从没参与过。他长这么大，唯一接受过的音乐"熏陶"，可能就是竹子给他拉的小提琴了。

"哎，对了竹子，啥是'汤圆'啊？好像很好吃的样子。"小灵通继续碰触竹子的"逆鳞"。

"'汤圆'是我们这些王源粉丝的自称啊，你连这个都不知道？"竹子还在向小灵通解释，但是一丝阴霾已经挂上了她的眉梢。

"哦，王源啊，这个我知道，著名影星，东京电影节的影帝呢，演技一流，他主演的《钢的琴》把我妈看哭过好几回，那下岗工人演的，传神了。还有之前演的《解救吾先生》里面的悍匪，那叫一个出色，简直是本色演出，唯一缺点就是人长得太硌碜。哎，竹子，你怎么还粉上一个中年大叔了？"

厚厚的乌云笼罩了竹子的俏脸，她弯弯如月牙般的眼睛变成了十五的月亮，空气中隐隐有电流的声音"嗞嗞"作响。

小灵通很悲催地没有注意到竹子脸上"天气"的变化，兀自喋喋不休："竹子，别看我不懂音乐，可是我知道演唱会的门票贵着呢，有钱咱也不能这么糟践啊。听我的，咱把门票退了，你身体不好，我多陪你去公园看看鸟语花香，那多好啊，特实惠……"

"轰隆隆"一声炸雷，竹子爆发了……

"该，活该！"看着哭丧着脸的小灵通，门墩儿不知为什么心中居然有一丝快感，"首先你要搞清楚，你说的那位中年大叔叫王千源，王源是个小帅哥啊，哎哟你这错误可大发了。再说竹子说得没错啊，你是她啥人啊？凭啥管着她？TFBOYS仨小帅哥现在多火啊，千百万中国小姑娘为他们疯狂呢。竹子好不容易弄到一张票，你还给她泼冷水，你这不是找骂呢吗？"

"我这不是关心她，为了她好吗？门票那么贵。"小灵通嘟囔着。

"你有那个资格吗？你是竹子她爸，还是她男朋友啊？"

这话一说出口，门墩儿也觉得自己说得有点重了，怕伤了小灵通的心，赶紧接茬说："啊……我的意思是，咱们做朋友的，可以劝劝，但是要讲究方式方法，别太直接，现在的女孩一个比一个玻璃心。这样，我课间给你和竹子说合说合，咱们这么多年朋友了，哪能为这点小事伤了和气呢，哈哈哈。"

小灵通颇为不好意思地说："那就麻烦你了啊。其实那天我并没吃亏，我一个劲儿引经据典地想说服她不要胡乱追星呢，一口气跟她吵了一个多钟头，直到她哭着把我赶出家门。哎，门墩儿，你怎么躺下了，这地上多凉啊……"

检察官提示

中学阶段，正是每个孩子做着玫瑰色美梦的阶段，这期间，某位明星往往是这个玫瑰梦中的主角。追星是同学们自己的爱好，别人无权干涉，但是追星还是要保持理智。**在不影响别人的前提下，作为粉丝可以放手去做任何自己想做的事情**，买自己喜欢明星的专辑、周边，为他们投票、应援，**不打扰偶像，不耽误自己，不损人利己**，这样就完全 OK。

如何理性追星，我们向各位小读者提一些建议：首先，不盲目追星。我们所崇拜的应该是真正值得崇拜的，而非是徒有其表。其次，不疯狂追星。追星并不是生活的全部，不要滥花时间和金钱在追星上。再次，请摒弃狭隘心态。同学们所崇拜的偶像有同有异，不能因为偶像的不同，就对别的同学持排斥甚至敌对的态度。最后，善于从自己所崇拜的偶像身上吸取积极的人生经验。**不要在追星中失去自己，因为你最终只能成为你自己。**

门墩儿一脸郁闷地追问小灵通："那竹子把你给赶出去前说了些啥啊？"小灵通说："也没说啥，就是说以后咱俩的关系就是你手机上的一个按键……"

门墩儿松了口气："哦，原来是'重拨'啊，你小子吓死我了，竹子这不挺给你面子吗？"小灵通哭丧着脸摇摇头，说："拉倒吧，是'免提'。"

门墩儿的嘴咧得跟让人塞了根苦瓜似的，心说这回可不好办，小灵通你真是聪明一世糊涂一时，居然把竹子给气哭了，还说了这么绝情的话，跟割袍断义差不多了。铁三角在一起这么多年，虽然偶尔也闹个小矛盾，但是还没碰到过这种情况呢。想到这里，门墩儿不由得挠挠后脑勺。

小灵通耷拉着脑袋，跟斗败了的公鸡似的跟在门墩儿后面。

不过心事重重的两个人在听到走在前面的广播嘴里哼着的歌之后，一肚子郁闷瞬间全都烟消云散了。

广播显然没发现有人跟在他后面，他嘴里哼的歌是电视剧《水浒传》的主题歌《好汉歌》的调子，但是歌词嘛……

"大河向东流哇，天下的情侣都分手哇，

唉嘿唉嘿都分手哇，过完七夕就分手哇。

路见情侣一声吼哇，不分手就泼汽油哇，点火烧了没人救哇。

嘿嘿嘿呦嘿嘿，嘿嘿嘿呦嘿嘿，

嘿儿呀，咿儿呀，

嘿唉嘿咿儿呀，

……"

门墩儿忍住笑，上前拍了拍广播的肩膀，打趣道："我说你这歌词可不成啊，有暴力倾向。怎么着？自己失恋了，想报复社会啊？"

小灵通在旁边跟着一唱一和："瞧，门墩儿你孤陋寡闻了不是，谁不知道广播是咱们学校大名鼎鼎的单身团团长兼终身名誉主席啊？他们的口号是'情侣退散！'"

说完两个人一起放声大笑。

广播白了他们俩一眼，回道："首先，我们团口号已经改成'愿天下有情人终成兄妹'了——当然姐弟也行。再说，这不是情人节到了，我一个人形影相吊，茕茕孑立，唱首歌消遣消遣，不犯法吧？"

师大附中校风严谨，校园守则是不允许同学们谈恋爱的，但是现在的高中生和以前毕竟不一样，基本上属于"高压锅煮饭——早熟"型。少男少女们情窦初开，在小灵通他们年级就有不少有早恋倾向的同学，平常瞒着老师和家长的"保密"工作普遍做得不错。

其实呢，家长们被蒙在鼓里情有可原，高中学习任务繁重，家长和孩子相处时间有限。但是老师们和同学朝夕相处，自己班级同学那点鬼花样哪能瞒得住？不过如何管理高中生早恋问题，确实很让老师们头疼，放任不管当然不可取，但是旧式"一刀切"式的高压管理方法也不符合时代要求了，再说现在孩子们普遍心理比较脆弱，承受能力差，老师批评教育得稍重，还很容易诱发一系列问题。

师大附中的老师们经过一段时间的摸索，还是达成了一定共识：如果早恋不影响学生的学习，那么可以适当放任，但是要时刻敲打下学生，免得他们沉浸在感情世界中不能自拔；如果早恋影响学生的学习了，那么就要对学生进行教育，当然要注意方式方法，必要时，可以和家长一起互相配合，共同将早恋的危害降到最低。

总之，在学校的严格管理下，师大附中的学生们在这方面一直没有出现过大问题。

检察官提示

恋爱是一件非常美好的事情，古往今来，有无数的文学家歌颂它赞美它，流芳百世的文学作品更是不胜枚举。但是对于中学生而言，请不要过早去偷食早恋的"禁果"，因为青春期的孩子早恋，危害很多。

首先，影响自己的生理发育。中学生正处于身体发育的旺盛期，并未完全成熟。用不成熟的心理去承受这份情感的重负，会给身体发育带来不利影响。因为人的情绪会影响内分泌，早恋的青少年有时把握不住自己的情感，起伏波动大，易产生些莫名的烦恼，从而导致精神不佳、头疼、心悸、失眠等，影响身体的健康发育。

其次，影响自己的心理健康。青春期心理发展最旺盛又最脆弱，这个时期想象力加速发展，大脑和神经系统的兴奋性得到加强，容易引起情绪激动，对自己喜爱的对象和活动表现出狂热的态度，而又缺乏冷静思考，心理容易受到伤害。

最后，虽然是老生常谈，但对中学生而言却又无比正确的是，对学习的影响较大。从实践来看，早恋的问题导致了不少优秀学生学业的荒废。作为中学生，应当把重要的心思放在学习方面，为自己以后更加美好的生活奠定扎实的基础。

所以，**爱情是美好的，但是请各位小读者在成年后再去采撷这枚成熟的果实，如果在它青涩时就去过早地品尝，结果往往会是苦涩的。**

铁三角倒没这个问题，门墩儿属于一直情窦不开的典型，脑子里面压根没这个概念，最让人放心。小灵通和竹子彼此之间有些好感，但是俩孩子很懂事，知道自己的主要任务是学习，很懂得克制自己的感情，不让它超越朋友的界限。从初中时起，两方家长确实有过担心，但是时间给了家长们一个放心的答案。

广播可不太一样，虽然他学习成绩也很优秀，但是多少有点"花心"，唯一悲催的是他真的没有女生缘。从初三时起，他曾向女孩表白过，无一例外以惨败收场。有回门墩儿实在看不下去了，自告奋勇帮他传话，回来后喜滋滋地告诉他这回有戏，因为女孩说愿意为他去死。"你不知道，那场面老感人了，她说这话时，眼睛里含着泪花。"门墩儿向广播邀功。

广播欣喜若狂，立马约女孩周末去图书馆看书，结果女孩气鼓鼓地对他说："孟家栋那个笨瓜是不是话没说全啊？我的原话是'胡一波要是再纠缠我，我就去死！'"

后来上了大学，在大学校园网的论坛上，大家不知怎么着聊起了一个话题："当初父母为了阻止你早恋，都用过什么'丧尽天良'的办法？"广播的回复十分经典——生了我这张脸……

第十二章

暗夜神秘人

直到走进教室，门墩儿还对广播一脸同情呢，小灵通拉拉他衣袖，劝说："同情心泛滥得差不多就行了。你没看广播眉宇间有股喜气吗？想掩饰都掩饰不住，这小子八成有啥好事。"

竹子已经坐在那里了，正和格格两个人有说有笑，一看到小灵通进来，俏脸立刻阴沉下来，故意把头扭一边去不看他。

小灵通心里有气，走到座位上整理书包和文具，弄得"稀里哗啦"山响。

格格冰雪聪明，一看这情况，就明白了个八九不离十，她和门墩儿对望了一眼，耸耸肩表示无奈。

整整一天，铁三角处于分崩离析的状态，小灵通和竹子一天谁也没搭理谁，可苦了门墩儿和格格，为说合他俩差点磨破了嘴皮子。

下了晚自习，小灵通气呼呼地早早就睡下了。才 11 点多，小灵通和门墩儿被一阵喧哗声吵醒了，他俩迷迷糊糊爬起来，发现居然是对面的女生宿舍楼里发出的声音。

格格正利用熄灯就寝前的这段时间劝说竹子呢，宿舍其他几个女孩也在一旁帮腔。竹子被她们劝说得有点不好意思，正要开口说些什么，突然宿舍门开了，一阵阴风吹入，闪进来一个怪物。只见这怪物脸上啥东西都没长，就一双眼睛咕噜咕噜乱转，手里拿着一根怪模怪样的东西，挺像法杖。只见它进了宿舍，便挥动法杖，施起魔法来。

火车站广场上，广播一脸尴尬地站在那里，手和脚都不知道该往哪里放。

倒是对面的女孩大大方方，先开口说："你好，你就是帅砍吧？我是吟霜。"

敢情广播这家伙胆儿挺大，今晚晚自习居然没去上课，来火车站见网友来了。

广播的QQ昵称叫"帅砍"，意思是"帅的被人砍"，加上他比较风趣幽默，挺能侃的，因此和很多女网友都聊得来。大家都说和他一起聊天挺开心的，好几个女孩甚至主动提出要和这位"帅砍"见见面。

广播平时学习非常认真努力，就算是上QQ聊天，也等下了晚自习后，平时也就周末能聊得开心些。所以他只是和几位本地的女孩约好地方见了面，结果呢？——"啊！纵使我穷尽所有华丽的辞藻，也不足以描述这悲惨的一幕之万一。"索福克勒斯[①]如是说。

———————

① 雅典三大悲剧作家之一。本句台词出自他的作品《俄狄浦斯在科罗诺斯》。

得，不拽文了，总之呢，我们一般把广播和网友会面这种情形叫作"见光死"。

眼看着自己被一个个异性好友拉黑，QQ里面的异性好友越来越少，逐渐趋近于零，广播心力交瘁，痛哭苍天不公。不过就在前两天，老天爷再次给他打开了一条门缝——他认识了一位网名叫"吟霜"的女网友。跟以前的女网友不一样，大家年纪虽然相仿，但是吟霜已经工作了。她跟广播说自己初中毕业后，因为家庭条件所迫，就早早出来打工，一边打工，一边供着弟弟继续读书。广播非常同情她的遭遇，不断地开导安慰她，一来二去，两个人感觉相见恨晚，几乎无话不谈，很快成了好友。

最后顺理成章地，俩人决定见见面。不过广播这回可吸取了之前的教训，他先把自己照片发过去给吟霜看看（当然挑了一张相对最帅的），免得见面后悲剧重演。

"帅砍，我觉得男人最重要的东西是才学、风度还有责任感。外貌什么的，有内涵的女孩子才不会去关注呢。"吟霜的话让广播泪流满面。

广播在电脑屏幕前一边流泪一边琢磨，原来我之前遇见的女孩都太肤浅了。

于是俩人就约好了七夕这天见面，广播去火车站接吟霜，每人手里还拿一本《读者》杂志作为信物。广播本想去出站口接吟霜，但是吟霜说那里人太多，别错过了，让他在火车站广场中间的雕像底下等她。

广播早早地就到了，如今看到吟霜就活生生地站在自己面前，心里特紧张，平时网上聊天时的风趣幽默都飞到了爪哇国。吟霜毕竟是有社会经验的，看到他这副样子，"扑哧"一声笑了。

接下来的几个钟头，广播只感觉自己一直在云端上飘，说话都变得结结巴巴。按照俩人之前的约定，他领着吟霜去看了本市好几个夜景很美的地方。一路上，吟霜还想抢着买单，都被他阻止了，反正他家有的是钱。"我虽然帅得还不至于被人砍，但好歹是个大男人，怎么能让女孩子家掏钱呢？再说你打工挣钱挺不容易的。"吟霜推谢了一番也就不再坚持。

一路上，广播不住地偷偷瞄着吟霜，这是个长相甜美的女孩子，可能是因为早早就进入社会工作的缘故，她眼角有几丝几乎看不见的细纹，让她的年纪看起来明显比广播他们大不少。

尽管两个人玩得很累了，但一直舍不得分开，不过广播可没这个胆子夜不归宿，他给吟霜在宾馆开了个单间，依依不舍地就要告辞离去。

吟霜的大眼睛扑闪扑闪，撒娇道："帅砍，再陪我聊几分钟呗，我还没跟你聊够呢。对了，你是不是渴了？"她顺手递给广播一瓶饮料。

检察官提示

现在的社会中，约见网友已经不再是一件新奇的事情了。但是不管经过多少次网络交谈，网友在见面前毕竟是个陌生人，那么在约见网友的时候该怎么保护自己？又有哪些注意事项呢？

第一，会见地点的选择。第一次见网友，毕竟和对方不熟悉，最好将会见地点选择在繁华的公共场所。千万不要在了解网友之前将会见地点约在偏僻或者封闭的地方，防止被可能的不法分子利用。

第二，会见时避免单独见面。第一次和网友会见，最好找一个要好的朋友随同，在确认没有危险之后，再让你的朋友离开，这样比较保险。

第三，学会保护自己，将行踪告知熟悉的人。最好事先将行踪包括约会的网友信息、约会地点等告知亲朋好友，不方便告知的也至少要留张纸条，万一发生意外，能得到及时的营救。

第四，掌握真实信息。会见网友时，最好事先了解下对方的真实信息，至少知道姓名、身份证号、地址、联系方式等这些基本信息。

舒颖一声尖叫，竹子、格格她们几个才注意到宿舍门口进来的这个"怪物"。

敢情这怪物是个个头不高的男生，脸上蒙了个大口罩，就露一双眼睛，手里拿着个喷雾器。只见他二话不说，提起喷雾器就"哧哧哧"喷起来。

竹子刚才光琢磨着自己跟小灵通的事了，一时没反应过来，心说这是学校派清洁工来宿舍灭苍蝇蚊子？但是这也太晚了吧。

倒是格格眼尖，吼道："庄强，这大晚上的你胡闹什么呢？女生宿舍你也敢随便进，没看我们穿这么少啊？赶紧出去。"

后来班级有同学问这些女孩："有人闯进来，你们没吓得一片尖叫啊？"

舒颖上铺那女孩发话了："也就是舒颖胆儿小，也不瞧瞧进来那人长得跟小鸡仔似的，我用一只手就能捏死他。"这女孩是校体育队的，特长是铅球，在市中学生运动会上拿过名次。她还意犹未尽地说："得亏这家伙没去隔壁宿舍，那屋有个女生家学渊源，练过硬气功，手劈木板跟拿刀切西瓜一样。这家伙要是敢去，妥妥的下半生不能自理了。"

其实呢，这位"怪物"尽管身高才一米六五左右，身材有点瘦，但是好歹比鹅要大一点，用小鸡仔形容他，有点夸张了。

不过当时的焦点不在于"作案"的这位到底像不像小鸡仔，而是格格一眼就把他认出来了。因为格格是班长，对本班同学哪有一个不熟悉的？再说这位也缺心眼，学校还没正式开学呢，在学校上课的就他们年级几个班，平常大家低头不见抬头见的，认出他来还不容易？

这位"怪物"特别执着，格格都认出他来了，他居然还接着"哧哧哧"，嚣张异常。

"庄强，我们都认出你来了，快走吧，我们就当没这回事。"竹子也反应过来了。

"哧哧哧……"

"你再不走，我们可喊人了啊。"舒颖也大着胆子说。

"哧哧哧……"

后来在派出所里，叔叔审问这家伙："你这人缺心眼是吧？名字都让人叫出来了还不快跑？五个女生呢，你总不能个个都灭口吧？"

庄强这家伙挺实诚，说："警察叔叔我错了，其实当时我根本就没听见她们说什么，光琢磨乙醚喷了这么多，她们怎么还不倒呢？下回……"

"下回？你居然还想下回？"叔叔好悬没让这家伙给气趴下。

第十三章
捉妖记

要说庄强本来是个好学生，成绩不错，在整个年级也能排中上游。他除了给门墩儿水杯下药那事儿干得实在不地道（不过他不是主谋），平时也循规蹈矩，怎么突然变成这样了？

还不是叫不良读物给害的。

高中学习生活紧张，压力大，大家普遍找些业余爱好来给自己减压。拿铁三角来说，门墩儿喜欢踢球自不待言，竹子喜欢鼓捣电脑技术，还喜欢拉小提琴（尽管拉得不好，跟锯木头差不多）。小灵通课余时间则喜欢制作战舰静态模型，他制作的辽宁号航母至今还摆在师大附中的陈列室，整艘艨艟巨舰近一米长，气势非凡，舰上的小飞机每架只有半根烟那么长，神奇的是机身下的导弹都能看见，惟妙惟肖，观者无不惊叹。

您瞧，这些业余爱好多好。可是庄强的业余消遣没法上台面。他从初中时起，就很喜欢看一些不健康的东西。特别是这个暑假放假时间很短，他没有回家，就趁机陷入其中。问题是，这东西看多了，难免脑子会胡思乱想，特别是对于他这个岁数的青少年而言。

庄强鬼迷心窍般地迈出了这一步，用学校后来总结的话说就是——某某同学是因为阅读"黄色、暴力"的不良读物而误入歧途的。大家注意到"暴力"这个词没？这是因为他看的不良读物中，不光有色情，暴力的成分也很多，这直接导致了他用非常规的手段来解决问题。

不过，要是让他直接使用暴力手段，他也没这个胆子。原因很简单，就凭他那长得跟"小鸡仔"似的身材，任何暴力行为对他来说都没有底气，于是这家伙就从化工用品商店里面购买了一小瓶乙醚。

检察官提示

中学生年纪尚小，分辨是非能力低，而且好奇心强，自制力较差。如果让他们接触到不良读物，很可能给他们的身心健康带来严重的危害。

请各位小读者为了自己的身心健康，一定远离这些不良读物，避免它们带来的危害。

法条链接

《中华人民共和国未成年人保护法》

第五十条 禁止制作、复制、出版、发布、传播含有宣扬淫秽、色情、暴力、邪教、迷信、赌博、引诱自杀、恐怖主义、分裂主义、极端主义等危害未成年人身心健康内容的图书、报刊、电影、广播电视节目、舞台艺术作品、音像制品、电子出版物和网络信息等。

叔叔后来总结说，这家伙还真单纯，干个坏事都干不好——他也不想想，那一小瓶乙醚能有多大麻醉效力？屋里有五个人呢。再说了，他居然用喷雾器喷乙醚，他以为这是灭苍蝇呢？何况时值盛夏，窗户大开，他打开门进来就喷，乙醚蒸汽还不立马让风都吹跑了？

事实上，屋里的几个女孩就是感到有些异味而已，除了身体最弱的舒颖略微有点头晕，其他几个没一点异常。

不过，庄强很认真地向警察交代：他出发之前，做过实验，确认自己的方法没问题。

"你怎么试验的？"叔叔也很好奇。

"我……我拿蚂蚱试验的。把蚂蚱放进塑料盒，喷些乙醚，过会儿一看，蚂蚱趴那儿了。"

"蚂蚱后来怎么样了？"

"一动不动，再也没起来过。看样子是为科学献身了。"

"那你也敢去用？要是害死人怎么办？那你可就是故意杀人了，最起码无期。"叔叔吓唬他。

"不可能。"庄强一脸得意，"警察叔叔，您这就不懂了不是？这人和蚂蚱能一样吗？蚂蚱拿乙醚一喷就死，人那么大个头，肯定不会死啊。"

叔叔彻底无语了，心说这家伙不是挺明白的嘛。——哦，人和蚂蚱不一样，蚂蚱一喷就死，人不会死。那人和蚂蚱不一样，蚂蚱一喷就晕，人不见得会晕他怎么就没想到呢？

那天晚上庄强在那"哧哧哧"了半天，五个女孩不但没倒下，反而都从床上爬起来，顺手抄了手边合适的武器——扫帚、拖把、暖壶、书……校体育队的那个女孩最彪悍，抄起把锤子——小读者们别误会，她不是有暴力倾向，而是因为她平常喜欢吃核桃。

庄强一看这局面，脸都绿了，这才如梦初醒般拔腿就跑，刚跑到外面，发现已经晚了。

原来他光顾着"哧哧哧"了，楼道里有经过的女生已经看明白这宿舍出事儿了，宿舍门半开着呢，里面的对峙情形一览无余。这个女生很聪明，一看竹子、格格她们暂时没有危险，再一瞧这位胆大包天的主儿长得跟小鸡仔似的，赶紧把自己和旁边几个宿舍的女生都喊起来了，一边派人去找值班老师和报警，一边也抄起各式各样稀奇古怪的"武器"，互相壮着胆，一声呐喊，杀将过来。

庄强一看这架势，心说不妙，赶紧抄起喷雾器冲女生们胡乱喷了几下，逮个空当，撒腿就跑，结果没跑出两步，只觉得眼前一黑，一个跟头栽倒在地——敢情这家伙喷了半天，因为风向的缘故，乙醚蒸汽的浓度数他自己身边最高。他虽然戴了口罩，问题是口罩对乙醚蒸汽没用啊，结果那五个女孩啥事没有，他自己倒趴下了。

叔叔接到报案，带着小李急匆匆地赶到了现场。报警的女孩因为紧张，说得颠三倒四、添油加醋。结果叔叔把这个案子理解成了一起强奸案件中有五个女孩成为受害人，心说哪来的罪犯这么嚣张，这可是本市从未见过的超级淫贼啊。叔叔赶紧飞奔过来，途中还呼叫了本所的其他警察一起过来支援。

结果跑到现场一看，得，本来首要任务是制服罪犯的，现在改成救人了——只见一大帮女生围成一圈，上蹿下跳，手舞足蹈，几个人嘴里还嚷嚷着："教训教训这个流氓……"只见里三层外三层包围着看热闹的女生，甚至有的女生扬言趁庄强昏过去了打他一顿。叔叔他们强行挤进去，发现庄强躺在地上不省人事，于是赶紧把他送往附近的医院。

不过对于怎么处理庄强，公安机关和检察机关也犯了难，要说他这事确实涉嫌犯罪未遂，不过毕竟没造成严重后果。最后还是学校出面说情，本着"教育挽救"的原则，而且考虑到他是未成年人，在审问时能如实交代自己的罪行，并且痛哭流涕有所悔改，最后检察机关决定对他作不起诉处理。

检察官提示

不起诉，是指人民检察院在审查起诉后作出不将案件移送人民法院审判而终止诉讼的决定。不起诉是人民检察院对案件审查后依法作出的处理结果之一，它的法律效力在于不将案件交付人民法院审判，从而在审查起诉阶段终止刑事诉讼。

根据我国《刑事诉讼法》的规定，不起诉分为三类：法定不起诉、酌定不起诉（也称相对不起诉）、存疑不起诉。像本章中庄强这种情况，就属于酌定不起诉。从刑事诉讼法的规定看，酌定不起诉的适用必须同时具备两个条件：一是犯罪嫌疑人的行为已构成犯罪，应当负刑事责任；二是犯罪行为情节轻微，依照刑法规定不需要判处刑罚或者免除刑罚。人民检察院要根据犯罪嫌疑人的年龄、犯罪目的和动机、犯罪手段、危害后果、悔罪表现以及一贯表现等进行综合考虑，才能作出不起诉决定。

法条链接

《中华人民共和国刑事诉讼法》

第一百七十七条（第二款） 对于犯罪情节轻微，依照刑法规定不需要判处刑罚或者免除刑罚的，人民检察院可以作出不起诉决定。

　　虽然法律上未对庄强追究刑事责任，但学校对他的处理是非常严厉的，尽管家长苦苦哀求，学校仍给了他"勒令退学"的处罚，相对于"开除学籍"而言，也算给他保留了最后一丝颜面。之后他的家长就领他回家了，后来听说他痛改前非，考上了一所还不错的大学。

第十四章

革青韦

这场风波成了大家枯燥繁重的课业之余的谈资。尽管竹子她们有惊无险，但是很多同学都纷纷表示安慰和关心，竹子也都回以感谢。除了一个人——小灵通，因为俩人的"冷战"仍在继续。

这天，门墩儿又一次忧心忡忡地问："你俩到底咋回事？怎么都这么久了还一句话不说啊？你也真是的，好好哄哄她不就没事了？"

小灵通白他一眼，丧气地说："你以为我没说好话啊？我连自己的节操都不要了。"原来这几天趁左右无人的时候，他不止一次试过和竹子搭讪，结果竹子本来笑眯眯的脸，一见他凑过来，立马冷若冰霜。闹得小灵通很尴尬，跟她说话也不是，走也不是。

就在昨天晚上大伙在食堂吃晚餐的时候，小灵通掐算准了时间，看竹子来了，赶紧端了两碗热腾腾的豆腐脑过去——他俩都爱喝这个，小灵通经常请竹子喝，惠而不费，都成习惯了。格格在竹子旁边看见小灵通过来，赶紧找个借口端着饭盒去别的地儿吃了。

"这位女客官，豆腐脑一碗，黄花木耳的卤，味美可口，请品尝。"小灵通满面堆笑。

竹子的脸都能拿刀刮下霜来，眼皮抬也不抬地说："我喜欢甜豆腐脑。"

小灵通瞬间感觉自己被雷劈了，尴尬地说："哎哎，我说安雨竹，咱俩可是不折不扣的咸党啊，前段时间咸党们去白宫网站集体请愿，[①] 咱俩可都去留言了啊。怎么今儿个背叛你自己的信仰了？"

"怎么着？我现在跳槽到甜党了，不服气就过来咬我啊。甜豆腐脑万岁，咸党都是异端！"竹子

---

① 此事亦非作者杜撰。详情见环球网站，http://world.huanqiu.com/exclusive/2013-05/3912334.html?agt=15438。

故意气小灵通。

旁边几位同学看到小灵通的一脸窘状，偷偷地捂嘴乐。

小灵通一时语塞，"咣"的一声把豆腐脑往餐桌上一放，气呼呼地转身就走。他没有看到竹子眼中闪过的那一丝狡黠的光芒。

"门墩儿你瞧瞧，我都当着好多同学的面如此'卑躬屈膝'了，她居然还拿我一把。干脆，咱铁三角散伙得了，反正我有你这个铁哥们儿呢。"说到这里，小灵通不由得一阵心酸。

门墩儿说："瞧你这没出息的样儿，没准竹子这周末听完 TFBOYS 的演唱会，心里高兴，就和以前一样了呢。你也别光想着竹子，没事去安慰下广播，他好歹也是咱们朋友，你不能真的'重色轻友'啊。"

七夕那天晚上，因为竹子她们宿舍的事，整个师大附中给闹得天翻地覆。这消息传得还挺快，庄强刚被救护车拉走，小灵通和门墩儿他们就听说了事情的经过，知道竹子她们宿舍几个女孩全都安然无恙，也没受到惊吓，他俩就放心了，浑没注意隔壁宿舍不仅少了庄强，广播也一夜未归。

广播迷迷糊糊地醒来，头昏脑涨，醒了醒神，一看自己居然躺在宾馆的床上，再一看闹钟，他腾地一下蹦起来，都快第二天十点了。吟霜早已离开了，他回忆起昨晚两个人相处的经过，心说不好，一摸自己的衣服，发现随身携带的所有贵重东西，包括钱包、手机都不翼而飞，损失惨重，连报警电话都是借宾馆电话打的。

广播爸爸赶到派出所，看到自己儿子就气不打一处来，举起巴掌就要打，警察们赶紧上来阻拦。广播边躲闪边跟老爸解释自己的遭遇，可是一时半刻哪里解释得清楚。

正闹得欢，叔叔进来制止了他们，告诉胡家父子，这个案子从作案手法来看，很像本市最近一段时间连续发生的麻醉抢劫案件。这些案子无一例外，都是犯罪嫌疑人通过QQ等聊天工具与被害人相识，然后约定见面，伺机对被害人进行麻醉抢劫。

"您家孩子喝剩的那瓶饮料，里面有大量麻醉品成分，与之前几起案子相同，可以并案侦查。案子已经移交市局，请您孩子为我们提供下线索。"

听完广播的描述，叔叔点点头说，应该是同一拨人，这个犯罪团伙近来在本市很活跃。广播疑惑地问："可是她说自己在外地打工啊？"叔叔说："她说自己在火星打工你也信吗？没看她不让你去出站口接她吗？因为她根本不是坐火车来的，她本来就在本市活动。"广播恍然大悟。

经历了这次事件的打击，广播的情绪多少有点低落，这几天蔫头蔫脑的。

小灵通听门墩儿说去安慰下广播，点点头说："也对，我还是和他好好聊聊吧，正好两个伤心人可以互诉衷肠。唉，'同是天涯沦落人，相逢何必曾相识'啊。"

"你没竹子读的书多就别瞎装蒜，还'相逢何必曾相识'呢，也不想想你和广播都认识多少年了？"门墩儿无语。

* * *

这个周六晚上，小灵通是在门墩儿家玩儿的。竹子兴高采烈地去看演唱会了，临走前还挑衅似的给他发了条微信，故意气气他。小灵通只做没看见。

门墩儿一家人和小灵通一起吃完晚饭，门墩儿是个孝顺孩子，抢着洗碗去了。小灵通也要去，被宋阿姨拦住了。听着门墩儿"丁零当啷"地洗着碗，宋阿姨悄悄地问小灵通他们班是不是有个名字里面带"澪"的女孩？

小灵通摇摇头，不解地问："阿姨，您问这个干什么啊？"

宋阿姨说："嗨，还不是为我们家这个宝贝疙瘩？这两天我偷看他日记，发现里面尽是'澪'这个字儿，这明显是个女孩名字啊。勇凌，你知道家栋成绩一直不太好，我怕他谈恋爱会影响考大学。

你是他最好的朋友，可得多督促他啊。"

小灵通心说阿姨您偷看人家日记也不好吧，不过还是点点头，答应着："阿姨您放心，这事儿交给我了。不过我们学校确实没叫这个名字的女孩。当然了，家栋是校足球队的，经常去外面比赛，也许是别的学校的女孩呢。总之，我帮您留意就是了。"

宋阿姨伸手掐了掐小灵通的脸蛋，眼神里满满的都是感谢。这时门墩儿收拾完进来，神神秘秘地对小灵通说："来，我给你看个好东西，保证竹子见了它，再也不会看你不顺眼了。"小灵通问啥东西这么神奇？门墩儿也不答话，拽着小灵通来到了自己的卧室，从电脑上拔下一个 U 盘来。

"喏，这不竹子需要听歌吗？我知道你这家伙在音乐方面笨得要死，我给你下了好几首革青韦的歌，她在年轻人里面还是很受欢迎的，因为没大歌星那么火爆，竹子应该没听过。等明天竹子在家，你就说这是你特意下载给她听的，我估计她一感动，咱们铁三角就和好如初了。快把 U 盘收好，别浪费了我的一番心意啊，下载这些歌可是要花钱的，我花了八块钱充了一个月会员呢。"门墩儿洋洋得意。

近年来，我国越来越重视知识产权的保护，在音乐版权方面也是如此。随着国内对音乐版权的日渐重视，下载音乐付费已经成为大势所趋。**付费是对音乐人劳动成果的尊重，也是激发音乐人继续创作的物质鼓励，小读者们也要树立起尊重知识产权的观念。**

小灵通心头一暖，心说这才是我的好哥们儿，不过还有疑惑，"革青韦？这名字怎么这么怪啊？男的女的？"

门墩儿说是个年轻女孩，比咱们大不了多少，前段时间我不是给你听过一个叫赵广东的女孩的歌吗？她俩是一个团队的。

小灵通心说这些年轻女孩怎么起名都这么清新脱俗啊，却听门墩儿说道："甭瞎琢磨了，听我的就是。现在我再让你开开眼界，看看我玩的网游。"

小灵通说："你啥时候开始玩网游的啊？我怎么不知道。再说叔叔阿姨怎么可能会让你玩呢？多影响学习啊。"门墩儿说："你看了就知道了。"

这时小灵通才注意到门墩儿那台半新不旧的电脑前面摆放了一套游戏设备：中间醒目地竖着一个摇杆，看起来酷似战斗机的操纵杆；下面还有两个脚踏板，看来是方向舵了；左手处连着键盘是一个模拟的油门杆。

小灵通说："这个我知道，是战斗机模拟游戏专用设备吧？一套很贵的，上千呢。"门墩儿脸一红，说："山寨货，才一百多块钱。说实话，质量不怎么样，凑合用吧。不过这可是我成为一名空军飞行员迈出的第一步呢。"

"飞行员？"小灵通伸手去摸门墩儿脑门。

"去去，要不说你'重色轻友'呢。前段时间你一有空，就去给竹子补课，也不关心下兄弟。就在那时，我下定决心毕业要报考军校，当一名飞行员。"看着小灵通瞪得溜圆的眼睛，门墩儿继续说，"我想当飞行员的原因以后慢慢跟你说。总之我查过资料，飞行员考试除了必备的身体素质、体能测试外，还有一门很重要的考试，就是一款战斗机飞行模拟软件，要求应试者必须在十分钟内锁定敌机至少三次。体质、体能啥的不是我吹，没的说。文化课我会努力的。就是这个锁定敌机我可不懂。于是我找了款难度比较拟真的网游，据军事论坛的热心网友介绍，说模拟效果不错。"

"那你不成了沉迷网游了？咱们学校正在抓因为玩网游成绩下降的反面典型呢，你可别往上凑啊。"小灵通关心地说。

门墩儿涨红了脸，解释道："我平时学习多努力你还不知道吗？我人是笨点，但是除了为校队训练、比赛的时间，我都用来学习了啊。这个网游我只有周末回家才练习，根本不耽误学习。再说等我真正熟练了，我就不玩了。"

"这个我倒放心，你自制力挺强的。不过作为朋友，我可得叮嘱你，要是你因为玩网游成绩下滑，可别怪我让竹子黑了你网游账号。"说到竹子，小灵通苦笑了下，"还有，最多只能让你玩到今年十一，以后可坚决不行。"

"君子一言！""驷马难追！""啪"的一声，两个好朋友在空中响亮地击了个掌。

检察官提示

随着科技的发展和电脑技术的提高，网游也越来越普遍化，在年轻人中更是迅速蔓延。适当的娱乐可以让人身心放松，然而网游成瘾会带来极大的危害，有些年轻人甚至沉溺在网游里无法自拔。那么作为一名学生，我们要如何正确对待网游呢？

第一，要严格控制玩网游的时间，不可以因为游戏不吃不喝不睡，身体最重要。游戏只是娱乐，不是生活的全部。

第二，可以适当在网游账号中充值，但是要有限度，适可而止。

第三，游戏本来就是一种娱乐消遣的方式，绝对不要因为游戏而耽误学习，失去朋友，别让游戏占据生活的全部。

总之，游戏不必当真，玩玩就好，游戏玩好玩坏没关系。然而**人生要是输了，那才可怕，因为游戏可以 save/load，但是人生没法重来。**

"哎，你给我看看你的训练成果呗，可别连飞机都飞不起来。"小灵通借机损损门墩儿。

"切，今儿个你就瞧好吧。正好昨晚有个高手跟我下战书，约好今晚单挑，时间马上就到了，一会让你看看我怎么'踩蹋'他。对了，这个游戏画面经常转来转去，你先准备个塑料袋在身边，别一会儿晕了乱吐。"

"哟，人家是高手，你还敢说'踩蹋'他？吹呢吧？"

"吹啥啊？那是因为我是'超级高手'，江湖人称'飞霸'。"门墩儿口出狂言。

小灵通心说你咋不叫"灭霸"呢？一看门墩儿还挺有自信，心想实践是检验真理的唯一标准，看他一会儿还狂不狂？

结果进了游戏界面，小灵通一看门墩儿的飞机就差点吐血。"这啥破飞机啊？怎么跟二十世纪六十年代似的？飞机脑袋这是被谁给切了一刀啊？平的。"

"跟你这棒槌没法说。这是'六爷'，咱们国家的歼六战斗机啊。还真是六十年代的战斗机，那个年代中国飞机就这模样，别看样子丑，但是发动机给力，在空中灵活着呢。两门30毫米航炮，火力也够猛。那时就靠它保卫咱们领空呢。"

"那你怎么不开先进点儿的飞机啊？"

"这不这个游戏刚开放到第二代战斗机吗？等歼十出来，我怎么着也得试飞下。瞧，那个家伙加入游戏了。"

小灵通一看差点儿笑哭了，"得，你那对手叫哈利波特吧？怎么骑把扫帚就来了？这飞机长得跟扫帚棍似的，翅膀呢？"

"翅膀啊？旁边那对小小的就是。这个叫F-104战斗机，美国六十年代主力呢，性能比'六爷'好多了。就是安全性太差，人称'寡妇制造者'。"门墩儿一边驾驶战鹰上天，一边给小灵通科普，一副成竹在胸的架势。

小灵通往屏幕上看，全是蓝天白云，"你的对手呢？"

"这可不是拳击场，地面雷达只能告诉你大概位置，我得慢慢找。"这时，屏幕右下角出现了一丝闪光。

门墩儿嘴角浮出一个微笑，一踩右舵，操纵杆连往右边压，银色的歼六做了两个横滚，轻松地躲过了这枚导弹。"响尾蛇导弹，六十年代的神器啊。他想偷袭我，呵呵，太着急了，结果把自己暴露了。这家伙昨晚自称美国战斗机天下无敌，把中国飞机一顿狂贬。我不服，跟他据理力争，把他说得哑口无言，于是约好今天决斗的。"

对面一个黑点越来越大，一梭子炮弹在门墩儿的歼六身边炸开。门墩儿也暂停了和小灵通聊天，一扳操纵杆，与对方展开了缠斗。F-104果然不愧是一代名机，实力名不虚传，几个回合下来，就绕到门墩儿背后，死死地咬住了他的机尾。

门墩儿不慌不忙，用力一推操纵杆，左手打开油门加力，向高空爬升，F-104也尾追而来。只见门墩儿在速度达到最大时猛然踩舵，歼六在空中翻了个漂亮的筋斗，机身一个上下倒扣，反而死死咬住了 F-104 的机尾。

"我刚才做的叫'殷麦曼机动①'，六爷的杀手锏。F-104 速度快，但是盘旋、爬升不及六爷，他完了。"门墩儿刚刚说罢，歼六航炮的瞄准光圈已经将 F-104 套在当中，银色战鹰一个高速俯冲，从两机相距三百米开炮，一口气打到相距不到三十米，打得 F-104 凌空爆炸。

"耶！"小灵通看到这精彩的空战，情不自禁地鼓起掌来。

"1 分 37 秒，还成。仅仅利用周末玩了这一段时间，水平就提升这么快，看来我的确有开飞机的

————————

① 现代战斗机格斗中，将上升转弯称之为"殷麦曼机动"，是指战斗机在高速度下保持大约 70 度左右迎角向上爬升，飞机进入临界失速边缘，此时利用单边失速特性，战斗机向一边发生偏转，形成快速掉头。直到接近临界失速边缘，然后将向一边舵踩，同时控制飞机尽量避免进入滚转。这样战斗机机翼会顺着舵踩一边失速，并迅速掉头 180 度，看起来仿佛在一个平面上转了过来，然后俯冲抓回能量。

天赋啊，哈哈哈。"门墩儿喜不自胜，边关游戏边跟小灵通说："我的三维空间感特别好，没看我的立体几何成绩比你和竹子都好啊。哎，你怎么了？怎么脸色突然变得这么苍白？"

顺着小灵通手指的方向，门墩儿也看到了电脑屏幕右下角弹出的新闻窗：某大型演唱会疑似发生严重踩踏事件，伤亡情况目前未知。

检察官提示

公共场所发生踩踏事故是件非常可怕的事情，然而踩踏事故往往是瞬间发生的，所以要想安全逃离，就需要事先了解一下预防拥挤踩踏的安全知识，请各位小读者们学习一下。

第一，要举止文明，人多的时候不拥挤、不起哄、不制造紧张或恐慌气氛。尽量避免到拥挤的人群中，选择走在人流的边缘。

第二，时刻保持警惕，发觉拥挤的人群向自己行走的方向来时，应立即避到一旁，不要慌乱，不要奔跑，避免摔倒。注意要顺着人流

走，切不可逆着人流前进，否则，很容易被人流推倒。

第三，假如陷入拥挤的人流时，一定要先站稳，身体不要倾斜失去重心，即使鞋子被踩掉，也不要弯腰捡鞋子或系鞋带。有可能的话，先尽快抓住坚固可靠的东西慢慢走动或停住，遇到台阶或楼梯时，尽量抓住扶手，待人群过去后再迅速离开现场。

第四，若自己不幸被人群拥倒后，要设法靠近墙角，身体蜷成球状，双手在颈后紧扣以保护身体最脆弱的部位。

另外，切记要听从现场管理人员的指挥调度，配合指挥人员缓解拥挤，避免踩踏事故。

当然，**避免公共场所踩踏事故的最好方法是尽量不去人流拥挤的公共场所，防患于未然。**

小灵通和门墩儿一路飞奔到演唱会现场，现场混乱的样子让他们惊呆了，场边停了好多救护车在不停地运送伤员，警察也在努力维持着秩序。

"竹子，你在哪里？快回答我！"小灵通一边撕心裂肺地喊着，一边不住地寻找。门墩儿紧紧跟在他身后。

小灵通的嗓子已经嘶哑，但是竹子的身影却丝毫未见。

眼泪不争气地从小灵通脸上流下来，"我要去救护车那里，挨个去找"。门墩儿一把拉住他，"你冷静点儿，我也担心竹子的安危，但是这么漫无目的地找不是办法"。

小灵通一把揪住门墩儿的衣襟，吼道："那你给我说个好办法，说啊！"

这时，一个声音从背后传过来，在小灵通的耳中宛如天籁，"勇凌，我好好的，刚才帮着大夫抬一位受伤的女孩呢，别担心"。

小灵通欣喜若狂，转身一看，竹子月牙般美丽的双眼在冲着他笑。

小灵通飞奔到竹子面前，想去拉她的手，但是却迟疑着没有伸出去。只见他用力擦去脸上的泪水，喃喃地说道："竹子，不管发生了什么，我只要你没事就好。"

竹子眼圈也有点红，说道："放心吧，我没事的。这次只是一个看台发生了事故，没网上说得那么夸张，受伤人数也不多。而且，其实勇凌你上次说得很有道理，咱们还是学生，不能花父母这么多钱来听一次演唱会。这几天我思前想后，越想越觉得自己不对，于是我今天来到现场，把票卖掉了。"

"这么说，你根本没进去啊，吓死我了。哎，不对，你要是不想听了，直接在网上退票不就行了，怎么还千里迢迢跑来这里呢？"小灵通问道。

竹子嗔道："还不是被你这抠门熏陶的，我琢磨着好不容易买到的票，就算不听了，来现场外面感受一下演唱会的气氛也好，而且很多粉丝买不到票呢，来现场门口把票卖掉，保证不赔钱。"

小灵通很是感动，"竹子你真懂事，我欠你一次演唱会"。

"好啊。正好借这个机会，你也多听听歌，学会了之后，你亲自给我开个演唱会，唱给我听，好不好？"说着说着，竹子低下头来，脸有点红红的。

小灵通心头一热，突然想起一件事来，他从兜里掏出那个 U 盘，告诉竹子这是自己下载的革青韦的歌。

竹子问革青韦是谁？这么古怪的名字。

小灵通也不知道该怎么回答，只好说和她一个团队的还有一个叫赵广东的女孩……

"赵广东？你是说赵粤吧？原来是 SNH48 组合啊。那我知道'革青韦'是谁了。"竹子说道，看小灵通的眼神带上了三分诡秘。

"哦，这'粤'不就是'广东'吗？"小灵通越来越心虚，额头有点见汗了。只听竹子"一脸严肃"地对他说道："勇凌，这次我可绝不原谅你了，咱俩认识这么多年了，你这可是第一次对我撒谎啊。"没等小灵通矢口否认，竹子接着说道："勇凌你就如实招来吧，是孟家栋下载的歌，然后让你以自己的名义给我的吧？你要不说实话，以后我可真不理你了。"

小灵通一脸震惊，"竹子你神机妙算，常人所不及——不过，你怎么这么确定是门墩儿下载的，也可能是格格啊"。

竹子掏出一支笔，捂着嘴笑道："勇凌，把手给我，我把这位歌手的名字写下来，你看看是念'革青韦'不？"

"什么？！鞠——婧——祎，门墩儿你个大白字先生，跑哪儿去了？？？"

好了，各位小读者们，《青春的烦恼》的故事，我们就介绍到这里，小灵通、竹子、门墩儿他们的故事，我们会在《勇敢选择》中继续介绍。